はがして使えるドリル式
簿記過去問題集
日商3級 *for* LECTURES ［新版］

過去問10回分
第157回 ▶ 第147回

＋模擬問題2回分
（新試験形式対応）

◇ 目 次 ◇

本書の使い方

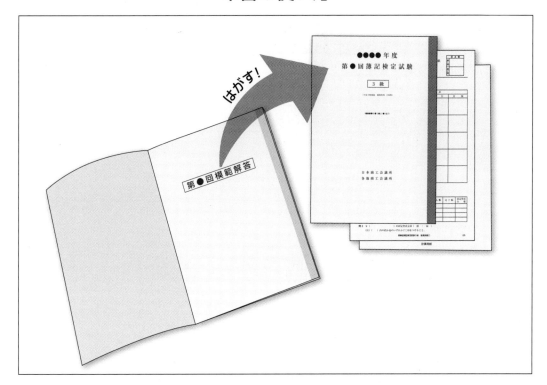

① 1回分の問題用紙、答案用紙、計算用紙をまとめてはがす。
② 本番形式で問題を解く。
③ 模範解答と答え合わせ。
④ 解答の手引を読んで理解を深める。
⑤ 採点欄に点数を書いて、実力アップを実感しよう。

第158回簿記検定試験以降の変更点

第158回試験（2021年6月施行）より、試験形式や時間が変更となりました。

＜試験時間＞　120分　→　60分
＜出題数＞　　5題以内　→　3題以内
＜試験形式の追加＞　2020年12月より、ペーパーで行う「統一試験方式」に加え、「ネット試験方式」と「団体試験方式」が導入されています。

・模擬問題はこの新試験形式に対応しています。
・本書に収録されている過去問題は実際に受験する出題形式とは異なりますが、試験範囲は変わらないため実力アップに役立ちます。

【第 151 回〜第 149 回につきまして】

2019 年 4 月より出題区分が変更されました。それにともない、旧出題区分で行われた第 151 回〜第 149 回の問題・解答・解説に変更があるものに下記のマークを付しました。

★　第 152 回検定以降の試験範囲ではありません。

◆　第 152 回検定以降、表示が変わります。

【採点欄】

第 157 回	第 156 回	第 154 回	第 153 回	第 152 回
点	点	点	点	点
第 151 回	第 150 回	第 149 回	第 148 回	第 147 回
点	点	点	点	点
模擬　第 1 回	模擬　第 2 回			
点	点			

2020 年度

第 157 回 簿 記 検 定 試 験

3 級

（午前 9 時開始　制限時間　2 時間）

（2021年 2 月28日㈰ 施行）

日 本 商 工 会 議 所
各 地 商 工 会 議 所

第1問 （20点）

下記の各取引について仕訳しなさい。ただし、勘定科目は、次の中から最も適当と思われるものを選び、正確に記入すること。なお、消費税については5.のみ考慮すること。

現　　　　　金	当 座 預 金	売 掛 金	前 払 金	未 収 入 金
仮 払 消 費 税	手 形 貸 付 金	備　　　品	買 掛 金	前 受 金
未 払 金	仮 受 消 費 税	手 形 借 入 金	備品減価償却累計額	売　　　上
受 取 利 息	固定資産売却益	仕　　　入	修 繕 費	租 税 公 課
通 信 費	旅 費 交 通 費	減 価 償 却 費	支 払 利 息	固定資産売却損

1．期首に、不用になった備品（取得原価 ¥360,000、減価償却累計額 ¥300,000、間接法で記帳）を ¥10,000 で売却し、売却代金は現金で受け取った。

2．営業の用に供している建物の修繕を行い、代金 ¥230,000 は来月末に支払うこととした。

3．収入印紙 ¥5,500 と郵便切手 ¥2,000 を購入し、現金を支払った。なお、これらはすぐに使用した。

4．銀行から ¥3,000,000 を借り入れ、同額の約束手形を振り出すとともに、利息を差し引かれた手取金を当座預金とした。なお、借入期間は8か月間、年利率は2％であり、利息は月割計算する。

5．株式会社宮城商事に商品を売り上げ、品物とともに次の納品書兼請求書を発送し、代金は掛けとした。なお、消費税については、税抜方式で記帳する。

納品書　兼　請求書

株式会社宮城商事　御中　　　　　　　　　　　　　　　　X9年10月20日
　　　　　　　　　　　　　　　　　　　　　　　　　　岩手商事株式会社

品　　名	数　量	単　価	金　　額
S 商品	150	200	¥ 30,000
T 商品	100	350	¥ 35,000
		消　費　税	¥ 6,500
		合　　　計	¥ 71,500

X9年11月20日までに合計額を下記口座にお振り込みください。
日商銀行××支店　　普通　1234567　イワテショウジ（カ

第2問 （10点）

次の10月におけるA商品に関する［資料］にもとづいて、（①）～（⑤）に入る適切な数値を答案用紙に記入しなさい。なお、A商品の払出単価の決定方法として先入先出法を用いている。

［資料］

商 品 有 高 帳
A 商 品

（先入先出法）

X8年		摘　要	受　入			払　出			残　高		
			数 量	単 価	金 額	数 量	単 価	金 額	数 量	単 価	金 額
10	1	前 月 繰 越	（ ）	（ ）	5,200				（ ）	（ ）	5,200
	10	仕　　入	（ ）	（ ）	（ ）				（ ）	（ ① ）	（ ）
	20	売　　上				（ ② ）	（ ③ ）	（ ）			
						90	（ ）	（ ④ ）	（ ）	（ ）	（ ）
	25	仕　　入	50	125	6,250				（ ）	（ ）	（ ）

<table>
<tr><td>

仕 入 帳

X8年		摘　　　要		金　額
10	10	東京商店	掛	
		A商品　100個　@ ¥120		12,000
	25	山口販売㈱	掛	
		A商品（ ）個 @ ¥（ ）		（ ⑤ ）

</td><td>

売 上 帳

X8年		摘　　　要		金　額
10	20	㈱秋田商店	掛	
		A商品　130個　@ ¥220		28,600

</td></tr>
</table>

第3問 （30点）

次の［11月中の取引］と答案用紙の10月31日の金額にもとづいて、答案用紙の11月30日の**合計試算表**を完成しなさい。

［11月中の取引］

1日　商品 ¥1,200,000 を仕入れ、代金は掛けとした。

3日　先月の売上 ¥30,000 について品違いにより返品を受け、同額の現金を返金した。

5日　商品の宣伝のためにチラシを作成し、印刷会社へ現金 ¥50,000 を支払い、費用処理した。

8日　商品 ¥2,000,000 を売り上げ、代金は自治体発行の商品券 ¥200,000 と現金 ¥550,000 を受け取り、残額は掛けとした。

10日　従業員から預かった所得税の源泉徴収額 ¥50,000 が普通預金口座から引き落とされた。

12日　購入した備品 ¥600,000 を配送業者から引き取った。なお、代金は先月に全額を支払い、仮払金として処理してある。

15日　商品 ¥750,000 を売り上げ、代金は自治体発行の商品券 ¥250,000 と現金 ¥500,000 を受け取った。

16日　手元の現金 ¥1,000,000 を普通預金口座へ預け入れた。

18日　当月分の借入金の返済額 ¥300,000 および利息 ¥6,000 が普通預金口座から引き落とされた。

20日　従業員の給料 ¥350,000 について、所得税の源泉徴収額 ¥35,000 および健康保険・厚生年金保険料 ¥30,000 を控除した残額を普通預金口座から支払った。

22日　商品 ¥600,000 を仕入れ、代金は掛けとした。

25日　買掛金 ¥2,100,000 について普通預金口座から振り込んだ。また、振込手数料 ¥200 が普通預金口座から引き落とされた。

〃　売掛金 ¥800,000 について普通預金口座へ振り込まれた。

26日　今月の売上代金として受け取ったすべての自治体発行の商品券を自治体指定の金融機関に引き渡し、全額がただちに普通預金口座へ振り込まれた。

28日　家賃 ¥200,000 が普通預金口座から引き落とされた。

29日　水道光熱費 ¥150,000 および電話代 ¥30,000 が普通預金口座から引き落とされた。

30日　健康保険・厚生年金保険料の合計額 ¥58,000 （うち従業員の給料からの源泉徴収額 ¥29,000、当社負担額 ¥29,000）が普通預金口座から引き落とされた。

第4問（10点）

次の文の ① ～ ⑩ にあてはまる最も適切な語句を下記の〔語群〕から選び、ア ～ トの記号で答えなさい。

1．給料から差し引かれる所得税の源泉徴収額は、租税公課などの（ ① ）ではなく、会社にとっては預り金として貸借対照表上（ ② ）に計上される。

2．当座預金の引出しには、一般に（ ③ ）が使われる。他社が振り出した（ ③ ）を受け取った場合、（ ④ ）として処理する。

3．（ ⑤ ）に生じた売掛金が当期中に回収不能となった場合、（ ⑤ ）決算日に設定された（ ⑥ ）を取り崩す。

4．決算は、決算予備手続、決算本手続の順に行われる。決算予備手続では（ ⑦ ）が作成され、決算本手続では帳簿が締め切られる。そして最終的に（ ⑧ ）が作成される。

5．売掛金勘定や買掛金勘定は、主要簿である（ ⑨ ）に収められる。主要簿には（ ⑨ ）のほか、（ ⑩ ）がある。

〔語群〕

ア 試 算 表	イ 売掛金元帳	ウ 負 債	エ 前 期	オ 仕訳日計表
カ 約 束 手 形	キ 総勘定元帳	ク 純 資 産	ケ 損 益 勘 定	コ 貸倒引当金
サ 収 益	シ 現 金	ス 仕 訳 帳	セ 財 務 諸 表	ソ 小 切 手
タ 受 取 手 形	チ 貸倒引当金繰入	ツ 貸 倒 損 失	テ 次 期	ト 費 用

第5問（30点）

次の〔資料1〕と〔資料2〕にもとづいて、問に答えなさい。なお、会計期間はX8年4月1日からX9年3月31日までの1年間である。

〔資料1〕　決算整理前残高試算表

借　方	勘 定 科 目	貸　方
97,000	現　　　　　金	
	当 座 預 金	197,000
911,000	普 通 預 金	
558,000	売 　 掛 　 金	
290,000	繰 越 商 品	
150,000	仮 払 法 人 税 等	
2,000,000	建　　　　　物	
800,000	備　　　　　品	
3,000,000	土　　　　　地	
	買 　 掛 　 金	559,000
	貸 倒 引 当 金	5,000
	建物減価償却累計額	500,000
	備品減価償却累計額	200,000
	資 　 本 　 金	3,150,000
	繰 越 利 益 剰 余 金	1,470,000
	売　　　　　上	6,600,000
	受 取 手 数 料	140,000
3,400,000	仕　　　　　入	
1,500,000	給　　　　　料	
55,000	旅 費 交 通 費	
60,000	保 　 険 　 料	
12,821,000		12,821,000

〔資料2〕　決算整理事項等

1．現金の手許有高は ¥96,000 であり、帳簿残高との差額は雑損または雑益とする。

2．当座預金勘定の貸方残高の全額を借入金勘定に振り替える。なお、取引銀行とは借越限度額 ¥1,000,000 の当座借越契約を締結している。

3．売掛金 ¥158,000 が普通預金口座に振り込まれていたが、この取引が未記帳であった。

4．売掛金の期末残高に対して2％の貸倒引当金を差額補充法により設定する。

5．期末商品棚卸高は ¥350,000 である。

6．有形固定資産について、次の要領で定額法により減価償却を行う。

建物：残存価額ゼロ、耐用年数40年
備品：残存価額ゼロ、耐用年数5年

なお、残高試算表の備品の金額のうち ¥300,000 はX8年10月1日に取得したものである。新規取得分についても同様の条件で減価償却をするが、減価償却費は月割計算する。

7．受取手数料の前受分が ¥20,000 ある。

8．保険料のうち ¥48,000 はX8年7月1日に向こう1年分を支払ったものである。したがって、前払分を月割で計上する。

9．法人税、住民税及び事業税が ¥490,000 と算定されたので、仮払法人税等との差額を未払法人税等として計上する。

問1　答案用紙の決算整理後残高試算表を完成しなさい。
問2　当期純利益または当期純損失の金額を答えなさい。
　　　なお、**当期純損失の場合は金額の頭に△を付すこと**。

第157回簿記検定試験答案用紙

3 級 ①

商 業 簿 記

第1問 （20点）

	仕		訳	
	借 方 科 目	金 額	貸 方 科 目	金 額
1				
2				
3				
4				
5				

第2問 （10点）

①	②	③	④	⑤

第157回簿記検定試験答案用紙

3 級 ②

商 業 簿 記

第3問（30点）

合 計 試 算 表

借　　　方		勘 定 科 目	貸　　　方	
11月30日	10月31日		10月31日	11月30日
	12,200,000	現　　　　　金	11,700,000	
	25,200,000	普 通 預 金	22,000,000	
	5,600,000	売 掛 金	4,800,000	
	700,000	受 取 商 品 券	700,000	
	1,400,000	繰 越 商 品		
	1,450,000	仮 払 金	700,000	
	1,200,000	備　　　　品		
	11,400,000	買 掛 金	13,500,000	
	350,000	所 得 税 預 り 金	400,000	
	225,000	社会保険料預り金	254,000	
	2,100,000	借 入 金	3,000,000	
		備品減価償却累計額	750,000	
		資 本 金	4,520,000	
	251,000	繰 越 利 益 剰 余 金		
	150,000	売　　　　　上	17,600,000	
	12,000,000	仕　　　　入		
	2,300,000	給　　　　料		
	225,000	法 定 福 利 費		
	1,230,000	水 道 光 熱 費		
	1,400,000	支 払 家 賃		
	220,000	通 信 費		
	15,000	支 払 手 数 料		
	182,000	広 告 宣 伝 費		
	126,000	支 払 利 息		
	79,924,000		79,924,000	

第4問（10点）

①	②	③	④	⑤

⑥	⑦	⑧	⑨	⑩

受験番号

氏名

生年月日　　　　　.　　.

×　　　（ココヲトジル）　　×

第157回簿記検定試験答案用紙

3 級 ③

商 業 簿 記

採 点 欄	
第5問	

第5問（30点）
問1

決算整理後残高試算表
X9年 3 月31日

借　　　方	勘 定 科 目	貸　　　方
	現　　　　　　金	
	普 通 預 金	
	売 　 掛 　 金	
	前 払 保 険 料	
	繰 越 商 品	
	建 　 　 　 物	
	備 　 　 　 品	
3,000,000	土 　 　 　 地	
	買 　 掛 　 金	
	借 　 入 　 金	
	前 受 手 数 料	
	未 払 法 人 税 等	
	貸 倒 引 当 金	
	建物減価償却累計額	
	備品減価償却累計額	
	資 　 本 　 金	3,150,000
	繰 越 利 益 剰 余 金	1,470,000
	売 　 　 　 上	
	受 取 手 数 料	
	仕 　 　 　 入	
	給 　 　 　 料	
	旅 費 交 通 費	
	保 　 険 　 料	
	貸 倒 引 当 金 繰 入	
	減 価 償 却 費	
	雑　　（　　　　　）	
	法人税、住民税及び事業税	

問2　¥（　　　　　　　　　　　　）

計算用紙

計算用紙

計算用紙

計算用紙

第 157 回 模 範 解 答

第157回簿記検定試験模範解答

3 級

第1問（20点）　　　　　　　　　　　　　　　　　　　　　（予想配点：仕訳1組につき4点×5ヶ所）

	仕		訳	
	借　方　科　目	金　　額	貸　方　科　目	金　　額
1	備品減価償却累計額 現　　　　　　　金 固 定 資 産 売 却 損	300,000 10,000 50,000	備　　　　　　　　品	360,000
2	修　　　繕　　　費	230,000	未　　払　　金	230,000
3	租　税　公　課 通　　信　　費	5,500 2,000	現　　　　　　　金	7,500
4	当　座　預　金 支　払　利　息	2,960,000 40,000	手　形　借　入　金	3,000,000
5	売　　掛　　金	71,500	売　　　　　　上 仮　受　消　費　税	65,000 6,500

第2問（10点）　　　　　　　　　　　　　　　　　　　　　　　　　（予想配点：各2点×5ヶ所）

①	②	③	④	⑤
120	40	130	10,800	6,250

第3問 （30点）　　　　　　　　　　　　　　　　　　　　　（予想配点：　　　　　につき2点×15ヶ所）

合計試算表

借　方		勘　定　科　目	貸　方	
11月30日	10月31日		10月31日	11月30日
13,250,000	12,200,000	現　　　　　金	11,700,000	12,780,000
27,450,000	25,200,000	普　通　預　金	22,000,000	25,179,200
6,850,000	5,600,000	売　　掛　　金	4,800,000	5,600,000
1,150,000	700,000	受　取　商　品　券	700,000	1,150,000
1,400,000	1,400,000	繰　越　商　品		
1,450,000	1,450,000	仮　　払　　金	700,000	1,300,000
1,800,000	1,200,000	備　　　　　品		
13,500,000	11,400,000	買　　掛　　金	13,500,000	15,300,000
400,000	350,000	所　得　税　預　り　金	400,000	435,000
254,000	225,000	社　会　保　険　料　預　り　金	254,000	284,000
2,400,000	2,100,000	借　　入　　金	3,000,000	3,000,000
		備品減価償却累計額	750,000	750,000
		資　　本　　金	4,520,000	4,520,000
251,000	251,000	繰　越　利　益　剰　余　金		
180,000	150,000	売　　　　　上	17,600,000	20,350,000
13,800,000	12,000,000	仕　　　　　入		
2,650,000	2,300,000	給　　　　　料		
254,000	225,000	法　定　福　利　費		
1,380,000	1,230,000	水　道　光　熱　費		
1,600,000	1,400,000	支　払　家　賃		
250,000	220,000	通　　信　　費		
15,200	15,000	支　払　手　数　料		
232,000	182,000	広　告　宣　伝　費		
132,000	126,000	支　払　利　息		
90,648,200	79,924,000		79,924,000	90,648,200

第4問 （10点）　　　　　　　　　　　　　　　　　　　　　　　　（予想配点：各1点）

①	②	③	④	⑤
ト	ウ	ソ	シ	エ

⑥	⑦	⑧	⑨	⑩
コ	ア	セ	キ	ス

第5問（30点）

問1

決算整理後残高試算表
X9年3月31日

借　　方	勘　定　科　目	貸　　方
96,000	現　　　　　　　金	
1,069,000	普　通　預　金	
400,000	売　　掛　　金	
12,000	前　払　保　険　料	
350,000	繰　越　商　品	
2,000,000	建　　　　物	
800,000	備　　　　品	
3,000,000	土　　　　地	
	買　　掛　　金	559,000
	借　　入　　金	197,000
	前　受　手　数　料	20,000
	未　払　法　人　税　等	340,000
	貸　倒　引　当　金	8,000
	建物減価償却累計額	550,000
	備品減価償却累計額	330,000
	資　　本　　金	3,150,000
	繰　越　利　益　剰　余　金	1,470,000
	売　　　　上	6,600,000
	受　取　手　数　料	120,000
3,340,000	仕　　　　入	
1,500,000	給　　　　料	
55,000	旅　費　交　通　費	
48,000	保　　険　　料	
3,000	貸　倒　引　当　金　繰　入	
180,000	減　価　償　却　費	
1,000	雑　　　　（　損　）	
490,000	法人税、住民税及び事業税	
13,344,000		13,344,000

問2

¥（　　　　1,103,000　）

第1問 ⇒ 仕訳問題

1．不要となった備品の簿価（取得原価－減価償却累計額）と売却金額との差額は「固定資産売却益（収益）」または「固定資産売却損（費用）」で処理する。

（借）備品減価償却累計額	300,000	（貸）備	品	360,000
（〃）現　　　　　金	10,000			
（〃）固定資産売却損	50,000			

2．修繕に要する費用は「修繕費（費用）」で処理し、代金は来月末に支払うため「未払金（負債）」で処理する。

（借）修　　繕　　費	230,000	（貸）未　　払　　金	230,000

3．収入印紙は「租税公課（費用）」、切手は「通信費（費用）」で処理する。

（借）租　税　公　課	5,500	（貸）現　　　　　金	7,500
（〃）通　　信　　費	2,000		

4．銀行から借り入れると同時に約束手形を振り出しているため、「手形借入金（負債）」で処理し、差し引かれた利息は「支払利息（費用）」で処理する。

（借）当　座　預　金	2,960,000	（貸）手　形　借　入　金	3,000,000
（〃）支　払　利　息	40,000		

　　※　￥3,000,000（借入額）×2％×8か月／12か月＝￥40,000

5．商品販売時に消費税を預かっている場合には「仮受消費税（負債）」として処理する。

（借）売　　掛　　金	71,500	（貸）売　　　　　上	65,000
		（〃）仮　受　消　費　税	6,500

第2問 ⇒ 補助簿の推定

商品有高帳
A商品

（先入先出法）

X8年		摘　要	受　入			払　出			残　高		
			数量	単価	金額	数量	単価	金額	数量	単価	金額
10	1	前月繰越	40	130	5,200				40	130	5,200
	10	仕　入	100	120	12,000				100	120	12,000
	20	売　上				40	130	5,200			
						90	120	10,800	10	120	1,200
	25	仕　入	50	125	6,250				50	125	6,250

		仕　入　帳		
X8年		摘　要		金額
10	10	東京商店　　　　　　　　掛		
		A商品　100個　@¥120		12,000
	25	山口販売㈱　　　　　　　掛		
		A商品　50個　@¥125		6,250

		売　上　帳		
X8年		摘　要		金額
10	20	㈱秋田商店　　　　　　　掛		
		A商品　130個　@¥220		28,600

※ 1　商品有高帳の前月繰越については、10月20日売上げの130個から既に記入されている90個を控除することで求められる。

※ 2　商品有高帳の10月10日については、仕入帳より求められる。

※ 3　仕入帳の10月25日については、商品有高帳10月25日より求められる。

第3問 ⇒ 合計試算表の作成

1日	（借）仕　　　　　　　入	1,200,000	（貸）買　　掛　　金	1,200,000
3日	（借）売　　　　　　　上	30,000	（貸）現　　　　　金	30,000
5日	（借）広　告　宣　伝　費	50,000	（貸）現　　　　　金	50,000
8日	（借）受　取　商　品　券	200,000	（貸）売　　　　　上	2,000,000
	（〃）現　　　　　　　金	550,000		
	（〃）売　　　掛　　　金	1,250,000		
10日	（借）所　得　税　預　り　金	50,000	（貸）普　通　預　金	50,000
12日	（借）備　　　　　　　品	600,000	（貸）仮　　払　　金	600,000
15日	（借）受　取　商　品　券	250,000	（貸）売　　　　　上	750,000
	（〃）現　　　　　　　金	500,000		
16日	（借）普　通　預　金	1,000,000	（貸）現　　　　　金	1,000,000
18日	（借）借　　入　　金	300,000	（貸）普　通　預　金	306,000
	（〃）支　払　利　息	6,000		
20日	（借）給　　　　　　　料	350,000	（貸）所　得　税　預　り　金	35,000
			（〃）社　会　保　険　料　預　り　金	30,000
			（〃）普　通　預　金	285,000
22日	（借）仕　　　　　　　入	600,000	（貸）買　　掛　　金	600,000
25日	（借）買　　掛　　金	2,100,000	（貸）普　通　預　金	2,100,200
	（〃）支　払　手　数　料	200		
	（借）普　通　預　金	800,000	（貸）売　　掛　　金	800,000
26日	（借）普　通　預　金	450,000	（貸）受　取　商　品　券	450,000
28日	（借）支　払　家　賃	200,000	（貸）普　通　預　金	200,000
29日	（借）水　道　光　熱　費	150,000	（貸）普　通　預　金	180,000
	（〃）通　　信　　費	30,000		
30日	（借）社　会　保　険　料　預　り　金	29,000	（貸）普　通　預　金	58,000
	（〃）法　定　福　利　費	29,000		

第4問 ⇒ 空欄補充

1．給料から差し引かれる所得税の源泉徴収税額は、会社が支払う税金ではなく、給料を受け取る従業員が支払うべきものを預かっているにすぎないため、費用として処理するのではなく負債として処理する。

2．当座預金の引出しには、一般的に小切手が使われる。そのため、小切手の振出しは当座預金の減少として処理されるが、他社が振り出した小切手を受け取った場合には、当該小切手が即時支払い手段となりうる通貨代用証券に該当するため、簿記上では現金として処理する。

3．前期に生じた売掛金が当期中に回収不能となった場合には、前期末の決算において、当該売掛金が貸倒引当金の設定対象となっているため、貸倒引当金を取り崩すことができる。しかし、当期に発生した売掛金が当期に回収不能となった場合には、前期の決算において、貸倒引当金の設定対象とはなっていないため、貸倒引当金を取り崩すことはできず、貸倒損失として処理する。

4．決算予備手続では試算表（決算整理前残高試算表）を作成し、決算本手続で行う決算整理仕訳の準備を行うことになる。最終的には外部に報告するために財務諸表（損益計算書・貸借対照表）が作成される。

5．勘定は、主要簿である総勘定元帳に収められる。主要簿とは、総勘定元帳と仕訳帳の 2 つのことをいう。

第5問 ⇒ 決算整理後残高試算表の作成

決算整理仕訳は以下のとおりである（決算整理前残高試算表を「前Ｔ／Ｂ」と省略する）。

1．現金の整理

（借）雑　　　　　損　　　　1,000　　　（貸）現　　　　　金　　　　1,000

※　雑損：¥97,000（前Ｔ／Ｂ現金）－¥96,000（手許現金）＝¥1,000

2．当座預金勘定の振り替え

（借）当　座　預　金　　　197,000　　　（貸）借　　入　　金　　　197,000

3．売掛金の回収

（借）普　通　預　金　　　158,000　　　（貸）売　　掛　　金　　　158,000

◆　普通預金：¥911,000（前Ｔ／Ｂ普通預金）＋¥158,000＝¥1,069,000
◆　売掛金：¥558,000（前Ｔ／Ｂ売掛金）－¥158,000＝¥400,000

4．貸倒引当金の設定

（借）貸 倒 引 当 金 繰 入　　　3,000　　　（貸）貸 倒 引 当 金　　　3,000

※　¥400,000（前Ｔ／Ｂ売掛金）× 2 ％－¥5,000（前Ｔ／Ｂ貸倒引当金）＝¥3,000
◆　貸倒引当金：¥5,000（前Ｔ／Ｂ貸倒引当金）＋¥3,000＝¥8,000

5．売上原価の算定

（借）仕　　　　　入　　　290,000　　　（貸）繰　越　商　品　　　290,000

（借）繰　越　商　品　　　350,000　　　（貸）仕　　　　　入　　　350,000

◆　仕入：¥290,000（前Ｔ／Ｂ繰越商品）＋¥3,400,000（前Ｔ／Ｂ仕入）－¥350,000（期末商品棚卸高）＝¥3,340,000

6．減価償却費の計上

（借）減　価　償　却　費　　　180,000　　　（貸）建物減価償却累計額　　　50,000

　　　　　　　　　　　　　　　　　　　　　（〃）備品減価償却累計額　　　130,000

※　建物減価償却累計額：¥2,000,000（前Ｔ／Ｂ建物）÷40年＝¥50,000

※　備品減価償却累計額（既存分）：〔¥800,000（前Ｔ／Ｂ備品）－¥300,000（新規分）〕÷ 5 年＝¥100,000

　　　　　　　　　　　　　　　　（新規分）：¥300,000÷ 5 年× 6 か月（10月〜 3 月)/12か月＝¥30,000

◆　建物減価償却累計額：¥500,000（前Ｔ／Ｂ建物減価償却累計額）＋¥50,000＝¥550,000

◆　備品減価償却累計額：¥200,000（前Ｔ／Ｂ備品減価償却累計額）＋¥130,000＝¥330,000

7．前受手数料の計上

（借）受 取 手 数 料　　　　20,000　　　　（貸）前 受 手 数 料　　　　20,000

◆　受取手数料：¥140,000（前Ｔ／Ｂ受取手数料）－¥20,000＝¥120,000

8．前払保険料の計上

（借）前 払 保 険 料　　　　12,000　　　　（貸）保　　険　　料　　　　12,000

※　¥48,000× 3 か月（ 4 月〜 6 月)/12か月＝¥12,000

◆　保険料：¥60,000（前Ｔ／Ｂ保険料）－¥12,000＝¥48,000

9．法人税等の計上

（借）法 人 税 等　　　　490,000　　　　（貸）仮 払 法 人 税 等　　　　150,000

　　　　　　　　　　　　　　　　　　　　　　（〃）未 払 法 人 税 等　　　　340,000

※　未払法人税等：¥490,000－¥150,000（前Ｔ／Ｂ仮払法人税等）＝¥340,000

10．損益勘定による当期純損益の計算（問2）

	損		益	
3 /31	仕　　　　　　入	3,340,000	3 /31　　売　　　　　　上	6,600,000
〃	給　　　　　料	1,500,000	〃　　受 取 利 息	120,000
〃	旅 費 交 通 費	55,000		
〃	保　　険　　料	48,000		
〃	貸倒引当金繰入	3,000		
〃	減 価 償 却 費	180,000		
〃	雑　　　　　損	1,000		
〃	法人税、住民税及び事業税	490,000		
〃	繰越利益剰余金	1,103,000		
		6,720,000		6,720,000

2020 年 度

第 156 回 簿 記 検 定 試 験

３ 級

（午前９時開始　制限時間　２時間）

（2020年11月15日㈰ 施行）

日 本 商 工 会 議 所
各 地 商 工 会 議 所

第1問（20点）

下記の各取引について仕訳しなさい。ただし、勘定科目は、次の中から最も適当と思われるものを選び、正確に記入すること。

現　　金	当座預金	普通預金	定期預金	売　掛　金
従業員立替金	未収入金	手形貸付金	差入保証金	建　　物
支払手形	手形借入金	未　払　金	従業員預り金	資　本　金
売　　上	受取手数料	支払家賃	支払手数料	修　繕　費
租税公課	旅費交通費	支払利息	固定資産売却損	損　　益

1. 営業に用いている建物の改良・修繕を行い、代金 ¥8,000,000 を、小切手を振り出して支払った。支払額のうち ¥5,500,000 は建物の価値を高める資本的支出であり、残額は機能維持のための収益的支出である。
2. 決算日に売上勘定の貸方残高 ¥50,000,000 を損益勘定に振り替えた。
3. 日商銀行から ¥5,000,000 を借り入れ、同額の約束手形を振り出し、利息 ¥80,000 を差し引かれた残額が当座預金口座に振り込まれた。
4. オフィスとしてビルの1部屋を1か月の家賃 ¥200,000 で賃借する契約を結び、1か月分の家賃、敷金（家賃2か月分）、および不動産業者への仲介手数料（家賃1か月分）を現金で支払った。
5. 従業員が出張から戻り、下記の報告書および領収書を提出したので、本日、全額を費用として処理した。旅費交通費等報告書記載の金額は、その全額を従業員が立て替えて支払っており、月末に従業員に支払うこととした。なお、電車運賃は領収書なしでも費用計上することにしている。

旅費交通費等報告書			
			日商太郎
移動先	手段等	領収書	金　額
千葉商店	電車	無	1,400
ホテル日商	宿泊	有	9,000
帰　社	電車	無	1,400
		合　計	11,800

```
　　　　　　領　収　書

日商商事㈱
日商太郎 様
　　　　金　9,000 円
　但し、宿泊料として
　　　　　　　　　　　　ホテル日商
```

第2問（10点）

X2年4月1日に設立された日商株式会社の次の [資料] にもとづいて、下記の**問**に答えなさい。

[資料]

第1期（X2年4月1日からX3年3月31日まで）
- 決算において、当期純利益 ¥2,000,000 を計上した。
- 第1期には配当を行っていない。

第2期（X3年4月1日からX4年3月31日まで）
- 決算において、当期純損失 ¥350,000 を計上した。
- 第2期には配当を行っていない。

第3期（X4年4月1日からX5年3月31日まで）
- 6月25日に開催された株主総会において、繰越利益剰余金残高から次のように処分することが決議された。
　　株主配当金　¥100,000　　配当に伴う（　①　）の積立て　¥10,000
- 6月28日に、株主配当金 ¥100,000 を普通預金口座から支払った。
- 決算において、当期純利益 ¥1,600,000 を計上した。

問1　第2期の決算において、損益勘定で算定された当期純損失 ¥350,000 を繰越利益剰余金勘定に振り替える仕訳を答えなさい。勘定科目については、[語群] の中から選択すること。

問2　第3期における繰越利益剰余金勘定の空欄①〜④に入る適切な語句または金額を答えなさい。①と②については、[語群] の中から選択すること。

繰越利益剰余金

6/25	未払配当金	100,000	4/1	前期繰越	（　④　）		
〃	（　①　）	10,000	3/31	（　　　）	（　　　）		
3/31	（　②　）	（　③　）					
		（　　　）			（　　　）		

[語群]

損　益　　　次期繰越　　　普通預金　　　利益準備金　　　資　本　金　　　繰越利益剰余金

第3問 （30点）

次の(1)合計試算表と(2)諸取引にもとづいて、答案用紙のX8年5月31日の**合計試算表**と売掛金および買掛金の明細表を作成しなさい。

(1) X8年5月26日の合計試算表

合 計 試 算 表
X8年5月26日

借　　　方	勘 定 科 目	貸　　　方
977,500	現　　　　　　　金	520,000
6,740,000	当　座　預　金	4,520,000
3,300,000	売　　掛　　金	2,600,000
430,000	繰　越　商　品	
400,000	差　入　保　証　金	
1,200,000	備　　　　　　　品	
1,900,000	買　　掛　　金	2,800,000
	前　　受　　金	50,000
40,000	所　得　税　預　り　金	40,000
	貸　倒　引　当　金	20,000
	備品減価償却累計額	150,000
	資　　本　　金	2,500,000
	繰　越　利　益　剰　余　金	500,000
	売　　　　　　　上	6,300,000
3,500,000	仕　　　　　　　入	
500,000	給　　　　　　　料	
400,000	支　払　家　賃	
200,000	支　払　手　数　料	
92,500	発　　送　　費	
320,000	水　道　光　熱　費	
20,000,000		20,000,000

(2) X8年5月27日から31日までの諸取引

27日 　売　　　　　　上：奈良商店 ¥80,000（手付金と相殺 ¥30,000、掛け ¥50,000）。発送費 ¥1,000（当社負担現金払い）。
　　　　　　　　　　　　　和歌山商店 ¥50,000（全額掛け）。発送費 ¥800（当社負担現金払い）。
　　　　給 料 支 払：支給総額 ¥500,000、所得税預り金 ¥40,000。残額を当座預金口座から支払い。
28日 　仕　　　　　　入：長崎商店 ¥60,000（全額掛け）。引取運賃 ¥500（当社負担現金払い）。
　　　　　　　　　　　　　高知商店 ¥40,000（全額掛け）。
　　　　水 道 料 金 支 払：¥25,000（当座預金口座より引き落とし）。
　　　　小 切 手 振 出：¥90,000（当座預金口座より現金引き出し）。
29日 　売　　　　　　上：奈良商店 ¥70,000（全額掛け）。発送費 ¥1,200（当社負担現金払い）。
　　　　　　　　　　　　　和歌山商店 ¥55,000（手付金と相殺 ¥20,000、掛け ¥35,000）。発送費 ¥1,000（当社負担現金払い）。
　　　　仕 入 返 品：28日高知商店からの仕入分 ¥40,000、品違いによりすべて返品。発送代金 ¥700は着払いの先方負担とした。
30日 　仕　　　　　　入：長崎商店 ¥38,000（全額掛け）。引取運賃 ¥700（当社負担現金払い）。
　　　　　　　　　　　　　高知商店 ¥40,000（全額掛け）。
31日 　電 気 料 金 支 払：¥80,000（当座預金口座より引き落とし）。
　　　　売 掛 金 回 収：奈良商店 ¥240,000（当座預金口座に入金）。和歌山商店 ¥130,000（当座預金口座に入金）。
　　　　買 掛 金 支 払：長崎商店 ¥190,000（当座預金口座から）。高知商店 ¥300,000（当座預金口座から）。
　　　　手 付 金 受 取：奈良商店から商品 ¥300,000の注文を受け、手付金 ¥60,000の当座預金口座への入金を確認した。

第4問（10点）

金沢商事株式会社の次の［資料］にもとづいて、下記の**問**に答えなさい。なお、商品売買取引の処理は3分法により行っている。

［資料］X8年7月中の取引
- 1日　備品 ¥870,000 を購入し、引取運賃 ¥30,000 を含めた合計額を、小切手を振り出して支払った。
- 10日　商品 ¥350,000 を仕入れ、注文時に支払った手付金 ¥50,000 を差し引いた残額を掛けとした。
- 16日　売掛金 ¥90,000 を現金で回収した。
- 28日　商品 ¥800,000 を売り上げ、代金のうち ¥50,000 は現金で受け取り、残額は掛けとした。
- 31日　月次決算処理のひとつとして、7月1日に購入した備品について、残存価額をゼロ、耐用年数を5年とする定額法で減価償却を行い、減価償却費を月割で計上した。

問1　1日、10日および16日の取引が、答案用紙に示されたどの補助簿に記入されるか答えなさい。なお、解答にあたっては、該当するすべての補助簿の欄に○印を付すこと。

問2　28日の取引について、入金伝票を次のように作成したとき、答案用紙の振替伝票を作成しなさい。なお、3伝票制を採用している。

入　金　伝　票	
科　　目	金　　額
売　掛　金	50,000

問3　31日に計上される減価償却費の金額を答えなさい。

第5問（30点）

当社（会計期間はX7年4月1日からX8年3月31日までの1年間）の(1)決算整理前残高試算表および(2)決算整理事項等にもとづいて、下記の**問**に答えなさい。なお、消費税の仮受け・仮払いは、売上時・仕入時のみ行うものとし、(2)決算整理事項等の6.以外は消費税を考慮しない。

(1)
決算整理前残高試算表

借　　方	勘定科目	貸　　方
2,129,000	現　　　　　金	
4,615,000	普　通　預　金	
6,435,000	売　　掛　　金	
400,000	仮　　払　　金	
2,475,000	仮　払　消　費　税	
650,000	仮　払　法　人　税　等	
1,800,000	繰　越　商　品	
4,500,000	備　　　　　品	
3,000,000	貸　　付　　金	
	買　　掛　　金	4,620,000
	仮　　受　　金	35,000
	仮　受　消　費　税	4,128,000
	貸　倒　引　当　金	52,000
	借　　入　　金	1,000,000
	備品減価償却累計額	1,350,000
	資　　本　　金	10,000,000
	繰　越　利　益　剰　余　金	2,109,000
	売　　　　　上	41,280,000
	受　取　利　息	90,000
24,750,000	仕　　　　　入	
135,000	発　　送　　費	
2,400,000	支　払　家　賃	
350,000	租　税　公　課	
11,025,000	その他の費用	
64,664,000		64,664,000

(2)　決算整理事項等
1. 仮受金はかつて倒産した得意先に対する売掛金にかかる入金であることが判明した。なお、この売掛金は前期に貸倒処理済みである。
2. 当社では商品の発送費（当社負担）について、1か月分をまとめて翌月に支払う契約を配送業者と結んでいる。X8年3月分の発送費は ¥10,000 であったため、期末に費用計上する。
3. 売掛金の期末残高に対して1%の貸倒引当金を差額補充法により設定する。
4. 期末商品棚卸高は ¥1,765,000 である。
5. 備品について、残存価額をゼロ、耐用年数を10年とする定額法により減価償却を行う。
6. 消費税の処理（税抜方式）を行う。
7. 貸付金はX7年12月1日に期間1年、利率年3%の条件で貸し付けたものであり、利息は貸付時に全額受け取っている。そこで、利息について月割により適切に処理する。
8. 仮払金はX8年4月分と5月分の2か月分の家賃がX8年3月28日に普通預金口座から引き落とされたものであることが判明した。そこで、家賃の前払分として処理する。
9. 法人税等が ¥850,000 と計算されたので、仮払法人税等との差額を未払法人税等として計上する。

問1　答案用紙の決算整理後残高試算表を完成しなさい。

問2　当期純利益または当期純損失の金額を答えなさい。なお、**当期純損失の場合は金額の頭に△を付すこと。**

第156回簿記検定試験答案用紙

3 級 ①

商 業 簿 記

第1問 （20点）

	仕　　訳			
	借 方 科 目	金 額	貸 方 科 目	金 額
1				
2				
3				
4				
5				

第2問 （10点）

問1

借 方 科 目	金 額	貸 方 科 目	金 額

問2

①	②	③	④

受験番号 ＿＿＿＿＿＿＿＿＿

氏名 ＿＿＿＿＿＿＿＿＿

生年月日 ＿＿＿＿．＿＿．＿＿

× （ココヲトジル） （ ×

採 点 欄

| 第3問 | |
| 第4問 | |

第156回簿記検定試験答案用紙

3 級 ②

商 業 簿 記

第3問（30点）

合 計 試 算 表
X8年5月31日

借 方 合 計	勘 定 科 目	貸 方 合 計
	現　　　　　金	
	当 座 預 金	
	売 　 掛 　 金	
	繰 越 商 品	
	差 入 保 証 金	
	備　　　　　品	
	買 　 掛 　 金	
	前 　 受 　 金	
	所 得 税 預 り 金	
	貸 倒 引 当 金	
	備品減価償却累計額	
	資 　 本 　 金	
	繰 越 利 益 剰 余 金	
	売　　　　　上	
	仕　　　　　入	
	給　　　　　料	
	支 払 家 賃	
	支 払 手 数 料	
	発 　 送 　 費	
	水 道 光 熱 費	

売 掛 金 明 細 表

	5月26日	5月31日
奈 良 商 店	￥　500,000	￥
和歌山商店	200,000	
	￥　700,000	￥

買 掛 金 明 細 表

	5月26日	5月31日
長 崎 商 店	￥　310,000	￥
高 知 商 店	590,000	
	￥　900,000	￥

第4問（10点）

問1

補助簿＼日付	現金出納帳	当座預金出納帳	商品有高帳	売掛金元帳（得意先元帳）	買掛金元帳（仕入先元帳）	仕入帳	売上帳	固定資産台帳
1日								
10日								
16日								

問2

振 替 伝 票

借 方 科 目	金 額	貸 方 科 目	金 額
（　　　　　）	（　　　　　）	（　　　　　）	（　　　　　）

問3　￥（　　　　　　　　　）

受験番号 _____

氏名 _____

生年月日 ____ . ____ . ____

× （ココヲトジル） （ ×

採点欄

第5問

第156回簿記検定試験答案用紙

3 級 ③

商 業 簿 記

第5問（30点）

問1

決算整理後残高試算表

借　　方	勘　定　科　目	貸　　方
2,129,000	現　　　　　金	
	普　通　預　金	
	売　　掛　　金	
	繰　越　商　品	
	（　　　）家　賃	
4,500,000	備　　　　　品	
3,000,000	貸　　付　　金	
	買　　掛　　金	4,620,000
	未　　払　　金	
	（　　　）消　費　税	
	未　払　法　人　税　等	
	（　　　）利　　息	
	貸　倒　引　当　金	
	借　　入　　金	1,000,000
	備品減価償却累計額	
	資　　本　　金	10,000,000
	繰　越　利　益　剰　余　金	
	売　　　　　上	
	受　取　利　息	
	（　　　　　　　　）	
	仕　　　　　入	
	発　　送　　費	
	支　払　家　賃	
	租　税　公　課	
	貸　倒　引　当　金　繰　入	
	減　価　償　却　費	
11,025,000	そ　の　他　の　費　用	
	法　人　税　等	

問2 ¥（　　　　　　　　　）

計算用紙

計算用紙

計算用紙

計算用紙

第 156 回 模 範 解 答

第 156 回 簿 記 検 定 試 験 模 範 解 答

3　級

第1問（20点）　　　　　　　　　　　　　　　（予想配点：仕訳1組につき4点×5ヶ所）

	仕		訳	
	借　方　科　目	金　　額	貸　方　科　目	金　　額
1	建　　　　　　　物 修　　繕　　費	5,500,000 2,500,000	当　座　預　金	8,000,000
2	売　　　　　　　上	50,000,000	損　　　　　　益	50,000,000
3	支　払　利　息 当　座　預　金	80,000 4,920,000	手　形　借　入　金	5,000,000
4	支　払　家　賃 差　入　保　証　金 支　払　手　数　料	200,000 400,000 200,000	現　　　　　　金	800,000
5	旅　費　交　通　費	11,800	未　　払　　金	11,800

第2問（10点）

問1　　　　　　　　　　　　　　　　　　　　　　　　　　（予想配点：2点）

借　方　科　目	金　　額	貸　方　科　目	金　　額
繰　越　利　益　剰　余　金	350,000	損　　　　　益	350,000

問2　　　　　　　　　　　　　　　　　　　　　　　（予想配点：各2点×4ヶ所）

①	②	③	④
利益準備金	次期繰越	3,140,000	1,650,000

第３問（30点）　　　　　　　　　　　　　　　　　　　　　　（予想配点：　　　　につき３点×10ヶ所）

合　計　試　算　表
X8年5月31日

借　方　合　計	勘　定　科　目	貸　方　合　計
1,067,500	現　　　　　　　　金	525,200
7,170,000	当　座　預　金	5,665,000
3,505,000	売　　　掛　　　金	2,970,000
430,000	繰　越　商　品	
400,000	差　入　保　証　金	
1,200,000	備　　　　　　　品	
2,430,000	買　　　掛　　　金	2,978,000
50,000	前　　　受　　　金	110,000
40,000	所　得　税　預　り　金	80,000
	貸　倒　引　当　金	20,000
	備品減価償却累計額	150,000
	資　　　本　　　金	2,500,000
	繰　越　利　益　剰　余　金	500,000
	売　　　　　　　上	6,555,000
3,679,200	仕　　　　　　　入	40,000
1,000,000	給　　　　　　　料	
400,000	支　払　家　賃	
200,000	支　払　手　数　料	
96,500	発　　　送　　　費	
425,000	水　道　光　熱　費	
22,093,200		22,093,200

売　掛　金　明　細　表		
	5月26日	5月31日
奈　良　商　店	¥　500,000	¥　380,000
和歌山商店	200,000	155,000
	¥　700,000	¥　535,000

買　掛　金　明　細　表		
	5月26日	5月31日
長　崎　商　店	¥　310,000	¥　218,000
高　知　商　店	590,000	330,000
	¥　900,000	¥　548,000

第４問（10点）　　　　　　　　　　　　　　　　　　　　　　（予想配点：　　　　につき２点×５ヶ所）

問１

補帳簿 / 日付	現金出納帳	当座預金出納帳	商品有高帳	売掛金元帳（得意先元帳）	買掛金元帳（仕入先元帳）	仕入帳	売上帳	固定資産台帳
5日		○						○
10日			○	○		○		
16日	○			○				

問2

振 替 伝 票			
借 方 科 目	金 額	貸 方 科 目	金 額
（ 売 掛 金 ）	（ 800,000 ）	（ 売 上 ）	（ 800,000 ）

問3

¥（ 15,000 ）

第5問（30点）　　　　　　　　　　　　　　　　（予想配点：　　　　につき3点×10ヶ所）

決算整理後残高試算表

借 方 合 計	勘 定 科 目	貸 方 合 計
2,129,000	現 金	
4,615,000	普 通 預 金	
6,435,000	売 掛 金	
1,765,000	繰 越 商 品	
400,000	（ 前 払 ） 家 賃	
4,500,000	備 品	
3,000,000	貸 付 金	
	買 掛 金	4,620,000
	未 払 金	10,000
	（ 未 払 ） 消 費 税	1,653,000
	未 払 法 人 税 等	200,000
	（ 前 受 ） 利 息	60,000
	貸 倒 引 当 金	64,350
	借 入 金	1,000,000
	備 品 減 価 償 却 累 計 額	1,800,000
	資 本 金	10,000,000
	繰 越 利 益 剰 余 金	2,109,000
	売 上	41,280,000
	受 取 利 息	30,000
	（ 償 却 債 権 取 立 益 ）	35,000
24,785,000	仕 入	
145,000	発 送 費	
2,400,000	支 払 家 賃	
350,000	租 税 公 課	
12,350	貸 倒 引 当 金 繰 入	
450,000	減 価 償 却 費	
11,025,000	そ の 他 の 費 用	
850,000	法 人 税 等	
62,861,350		62,861,350

問2

¥（ 1,327,650 ）

第1問 ⇒ 仕訳問題

1. 建物の改良・修繕に伴う支出額のうち、建物の価値を高める資本的支出は「建物（資産）」で処理し、機能維持のための支出は「修繕費（費用）」で処理する。

（借）	建 物	5,500,000	（貸）	当 座 預 金	8,000,000
（〃）	修 繕 費	2,500,000				

2. 「売上（収益）」は貸方残高であるため、「損益（集合勘定）」勘定の貸方に振替える。

（借）	売 上	50,000,000	（貸）	損 益	50,000,000

3. 銀行から借り入れると同時に同額の約束手形を振り出しているため、「手形借入金（負債）」で処理し、差し引かれた利息は「支払利息（費用）」で処理する。

（借）	支 払 利 息	80,000	（貸）	手 形 借 入 金	5,000,000
（〃）	当 座 預 金	4,920,000				

4. オフィスビルの家賃は「支払家賃（費用）」、敷金2か月分は「差入保証金（資産）」、仲介手数料は「支払手数料（費用）」で処理する。

（借）	支 払 家 賃	200,000	（貸）	現 金	800,000
（〃）	差 入 保 証 金	400,000				
（〃）	支 払 手 数 料	200,000				

5. 従業員が立替払いしている宿泊費等は「旅費交通費（費用）」で処理し、当該金額を月末に精算するため「未払金（負債）」として計上する。

（借）	旅 費 交 通 費	11,800	（貸）	未 払 金	11,800

第2問 ⇒ 繰越利益剰余金勘定の推定

設立年からの繰越利益剰余金勘定、および勘定記入に必要な仕訳は下記のとおりである。

1. X2年4月1日からX3年3月31日

(1) 決算振替仕訳（X3年3月31日）

（借）	損 益	2,000,000	（貸）	繰 越 利 益 剰 余 金	2,000,000

(2) 勘定記入

繰越利益剰余金

3/31	次 期 繰 越	2,000,000	3/31	損 益	2,000,000

2. X3年4月1日からX4年3月31日

(1) 決算振替仕訳（X4年3月31日）（問1　解答箇所をゴシックとしている）

（借）	**繰 越 利 益 剰 余 金**	350,000	（貸）	損 益	350,000

(2) 勘定記入

繰越利益剰余金

3/31	損　　　　　益	350,000	4/ 1	前　期　繰　越	2,000,000
〃	次　期　繰　越	1,650,000			
		2,000,000			2,000,000

3．X4年4月1日からX5年3月31日

(1) 仕訳

　① 期中仕訳・配当の決議（X4年6月25日）

　　（借）繰 越 利 益 剰 余 金　　110,000　　（貸）未 払 配 当 金　　100,000

　　　　　　　　　　　　　　　　　　　　　　　（〃）利 益 準 備 金　　 10,000

　② 期中仕訳・配当の支払（X4年6月28日）

　　（借）未 払 配 当 金　　100,000　　（貸）普 通 預 金　　100,000

　③ 決算振替仕訳（X5年3月31日）

　　（借）損　　　　　　益　　1,600,000　　（貸）繰 越 利 益 剰 余 金　　1,600,000

(2) 勘定記入（**問2　解答箇所をゴシックとしている**）

繰越利益剰余金

6/25	未 払 配 当 金	100,000	4/ 1	前　期　繰　越	**1,650,000**
〃	利 益 準 備 金	10,000	3/31	損　　　　　益	1,600,000
3/31	次　期　繰　越	**3,140,000**			
		3,250,000			3,250,000

第3問 ⇒ 残高試算表の作成

(1)　X8年5月26日の合計試算表に(2)X8年5月27日から31日までの諸取引を加えることにより、X8年5月31日の合計試算表を作成する。以下、(2)X8年5月27日から31日までの諸取引を仕訳で示す。

27日　（借）前　受　金　　30,000　　（貸）売　　　　　上　　80,000

　　　　（〃）売掛金（奈良商店）　　50,000

　　　　（借）発　送　費　　1,000　　（貸）現　　　　　金　　1,000

　　　　（借）売掛金（和歌山商店）　　50,000　　（貸）売　　　　　上　　50,000

　　　　（借）発　送　費　　800　　（貸）現　　　　　金　　800

　　　　（借）給　　　　　料　　500,000　　（貸）所 得 税 預 り 金　　40,000

　　　　　　　　　　　　　　　　　　　　　　　（〃）当 座 預 金　　460,000

28日　（借）仕　　　　　入　　60,500　　（貸）買掛金（長崎商店）　　60,000

　　　　　　　　　　　　　　　　　　　　　　　（〃）現　　　　　金　　500

　　　　（借）仕　　　　　入　　40,000　　（貸）買掛金（高知商店）　　40,000

　　　　（借）水 道 光 熱 費　　25,000　　（貸）当 座 預 金　　25,000

　　　　（借）現　　　　　金　　90,000　　（貸）当 座 預 金　　90,000

29日　（借）売掛金（奈良商店）　　70,000　　（貸）売　　　　　上　　70,000

	（借）発　送　費	1,200		（貸）現　　　　金	1,200
	（借）前　受　金	20,000		（貸）売　　　　上	55,000
	（〃）売掛金（和歌山商店）	35,000			
	（借）発　送　費	1,000		（貸）現　　　　金	1,000
	（借）買掛金（高知商店）	40,000		（貸）仕　　　　入	40,000
30日	（借）仕　　　　入	38,700		（貸）買掛金（長崎商店）	38,000
				（〃）現　　　　金	700
	（借）仕　　　　入	40,000		（貸）買掛金（高知商店）	40,000
31日	（借）水道光熱費	80,000		（貸）当座預金	80,000
	（借）当座預金	240,000		（貸）売掛金（奈良商店）	240,000
	（借）当座預金	130,000		（貸）売掛金（和歌山商店）	130,000
	（借）買掛金（長崎商店）	190,000		（貸）当座預金	190,000
	（借）買掛金（高知商店）	300,000		（貸）当座預金	300,000
	（借）当座預金	60,000		（貸）前　受　金	60,000

※1　売掛金明細表
奈良商店：¥500,000 + ¥50,000（27日）＋ ¥70,000（29日）− ¥240,000（31日）＝ ¥380,000
和歌山商店：¥200,000 + ¥50,000（27日）＋ ¥35,000（28日）− ¥130,000（31日）＝ ¥155,000
※2　買掛金明細表
長崎商店：¥310,000 + ¥60,000（28日）＋ ¥38,000（30日）− ¥190,000（31日）＝ ¥218,000
高知商店：¥590,000 + ¥40,000（28日）− ¥40,000（29日）＋ ¥40,000（30日）
　　　　　　　　　　　　　　　　　　　　　　　　− ¥300,000（31日）＝ ¥330,000

第4問 ⇒ 補助簿の選択、伝票の起票、月次決算の減価償却

問1　指定日の補助簿の選択

1日～16日における各仕訳と補助簿は次のとおりである。

1日	（借）備　　　　品	900,000		（貸）当座預金	900,000
	固定資産台帳			当座預金出納帳	

※　資産の取得原価は購入代価に付随費用を加算した金額となる。

10日	（借）仕　　　　入	350,000		（貸）前　払　金	50,000
	仕入帳＋商品有高帳			（〃）買　掛　金	300,000
				買掛金元帳	
16日	（借）現　　　　金	90,000		（貸）売　掛　金	90,000
	現金出納帳			売掛金元帳	

問2　伝票の起票

28日	（借）売　掛　金	800,000		（貸）売　　　　上	800,000
	売掛金元帳			売上帳＋商品有高帳	
	（借）現　　　　金	50,000		（貸）売　掛　金	50,000
	現金出納帳			売掛金元帳	

※ 入金伝票の科目欄に「売掛金」とすでに記載されているため、いったん全額を「売上」として処理し、代金の一部について回収したものとして考えるため上記の仕訳となる。

問3　減価償却費の金額

31日　（借）減 価 償 却 費　　　　　　15,000　　　　（貸）減 価 償 却 累 計 額　　　　　15,000
　　　　　　　　　　　　　　　　　　　　　　　　　　　　　　　　　　固定資産台帳

　　　※　¥900,000 ÷ 5 年（耐用年数）÷12か月 = ¥15,000

第5問 ⇒ 決算整理後残高試算表の作成

　決算整理仕訳は以下のとおりである（決算整理前残高試算表を「前T/B」と省略する）。

1　仮受金の判明

　（借）仮　　受　　金　　　　　35,000　　　　（貸）償 却 債 権 取 立 益　　　　35,000

2　発送費の計上

　（借）発　　送　　費　　　　　10,000　　　　（貸）未　　払　　金　　　　10,000

　▼　発送費：¥135,000（前T/B発送費）+ ¥10,000 = ¥145,000

3　貸倒引当金の計上

　（借）貸 倒 引 当 金 繰 入　　　12,350　　　　（貸）貸 倒 引 当 金　　　　12,350

　※　¥6,435,000（前T/B売掛金）× 1 % − ¥52,000（前T/B貸倒引当金）= ¥12,350

　▼　貸倒引当金：¥52,000（前T/B貸倒引当金）+ ¥12,350 = ¥64,350

4　売上原価の算定

　（借）仕　　　　　入　　　1,800,000　　　　（貸）繰　越　商　品　　　1,800,000

　（借）繰　越　商　品　　　1,765,000　　　　（貸）仕　　　　　入　　　1,765,000

　▼　仕入：¥1,800,000（前T/B繰越商品）+ ¥24,750,000（前T/B仕入）

　　　　　　　　　　　　　　　　　　　− ¥1,765,000（期末商品棚卸高）= ¥24,785,000

5　減価償却

　（借）減 価 償 却 費　　　450,000　　　　（貸）備品減価償却累計額　　　450,000

　※　¥4,500,000（前T/B備品）÷10年 = ¥450,000

　▼　備品減価償却累計額：¥1,350,000（前T/B備品減価償却累計額）+ ¥450,000 = ¥1,800,000

6　消費税の整理

　（借）仮 受 消 費 税　　　4,128,000　　　　（貸）仮 払 消 費 税　　　2,475,000
　　　　　　　　　　　　　　　　　　　　　　　　（〃）未 払 消 費 税　　　1,653,000

　※　未払消費税：¥4,128,000（前T/B仮受消費税）− ¥2,475,000（前T/B仮払消費税）= ¥1,653,000

7　貸付金について

　（借）受　取　利　息　　　　60,000　　　　（貸）前　受　利　息　　　　60,000

　※　¥3,000,000（前T/B貸付金）× 3 % × 8 か月（X 8 年 4 月〜11月）/12か月 = ¥60,000

　▼　受取利息：¥90,000（前T/B受取利息）− ¥60,000 = ¥30,000

8　仮払金について

　（借）前　払　家　賃　　　400,000　　　　（貸）仮　　払　　金　　　400,000

9 法人税等の計上

（借）法 人 税 等	850,000	（貸）仮 払 法 人 税 等	650,000
		（〃）未 払 法 人 税 等	200,000

※ 未払法人税等：¥850,000 − ¥650,000（前T/B仮払法人税等）＝¥200,000

10 損益勘定による当期純損益の計算（問2 解答箇所を **ゴシック** としている）

損　　　　益

3/31	仕　　　　入	24,785,000	3/31	売　　　　上	41,280,000
〃	発　送　費	145,000	〃	受　取　利　息	30,000
〃	支　払　家　賃	2,400,000	〃	償却債権取立益	35,000
〃	租　税　公　課	350,000			
〃	貸倒引当金繰入	12,350			
〃	減　価　償　却　費	450,000			
〃	その他の費用	11,025,000			
〃	法　人　税　等	850,000			
〃	繰越利益剰余金	1,327,650			
		41,345,000			41,345,000

2019 年 度

第 154 回 簿 記 検 定 試 験

3　級

（午前 9 時開始　制限時間　2 時間）

（2020年 2 月23日㈰ 施行）

日 本 商 工 会 議 所
各 地 商 工 会 議 所

第1問 （20点）

下記の各取引について仕訳しなさい。ただし、勘定科目は、次の中から最も適当と思われるものを選び、正確に記入すること。

現　　　　金	普 通 預 金	受 取 手 形	売　　掛　　金	前　　払　　金
仮 払 消 費 税	仮　払　金	受 取 商 品 券	備　　　　品	支 払 手 形
買　　掛　　金	前　受　金	仮 受 消 費 税	借　　入　　金	備品減価償却累計額
資　　本　　金	売　　　　上	受 取 手 数 料	受　取　利　息	固定資産売却益
仕　　　　入	旅 費 交 通 費	消 耗 品 費	支　払　利　息	固定資産売却損

1．秋田株式会社に対する買掛金 ¥ 270,000 の決済として、同社あての約束手形を振り出した。
2．商品 ¥ 16,000 を売り上げ、消費税 ¥ 1,600 を含めた合計額のうち ¥ 7,600 は現金で受け取り、残額は共通商品券を受け取った。なお、消費税は税抜方式で記帳する。
3．従業員が事業用のＩＣカードから旅費交通費 ¥ 2,600 および消耗品費 ¥ 700 を支払った。なお、ＩＣカードのチャージ（入金）については、チャージ時に仮払金勘定で処理している。
4．不用になった備品（取得原価 ¥ 660,000、減価償却累計額 ¥ 561,000、間接法で記帳）を ¥ 3,000 で売却し、売却代金は現金で受け取った。
5．普通預金口座に利息 ¥ 300 が入金された。

第2問 （8点）

次の現金出納帳、売上帳および買掛金元帳の記入にもとづいて、下記の**問**に答えなさい。

現 金 出 納 帳

X8年		摘　　　要	収　　入	支　　出	残　　高
2	1	前月繰越	280,000		280,000
	5	多摩商店からの仕入の引取運賃支払い		3,000	277,000
	14	臨時店舗売上げ	（　　　　）		（　　　　）
	15	普通預金口座へ入金		350,000	（　　　　）
	25	返品運賃支払い（多摩商店負担、掛代金から差し引く）		2,000	（　　　　）

売 上 帳

X8年		摘　　　要			金　　額
2	14	臨時店舗売上げ		現金	
		チョコレート	40 個	@ ¥ 10,000	400,000
	20	インターネット売上げ		掛	
		ビスケット	30 個	@ ¥ 6,000	180,000

買 掛 金 元 帳
多 摩 商 店

X8年		摘　　　要	借　　方	貸　　方	残　　高
2	1	前月繰越		290,000	290,000
	5	仕入れ		200,000	490,000
	25	返品商品の代金、運賃	52,000		438,000
	27	普通預金口座から振込み	290,000		148,000

問　答案用紙の各日付の仕訳を示しなさい。ただし、勘定科目は、次の中から最も適当と思われるものを選び、正確に記入すること。なお、当月末（28日）に現金の帳簿残高と実際有高（¥ 326,000）の差額を現金過不足として処理している。

現　　　　金	現 金 過 不 足	売　　掛　　金	立　　替　　金
買　　掛　　金	仕　　　　入	売　　　　上	支 払 運 賃

第 3 問 （30点）

答案用紙のX7年 1 月31日の残高試算表と、[X7年 2 月中の取引] にもとづいて、答案用紙のX7年 2 月28日の残高試算表を完成しなさい。

[X7年 2 月中の取引]

1 日　商品 ¥500,000 を掛けで仕入れ、当社負担の引取運賃 ¥20,000 を現金で支払った。

2 日　商品 ¥800,000 を掛けで売り上げた。

4 日　売掛金 ¥500,000 が近畿銀行の当座預金口座に振り込まれた。

5 日　買掛金 ¥130,000 を近畿銀行の当座預金口座から支払った。

8 日　商品 ¥390,000 を掛けで売り上げた。

9 日　商品 ¥450,000 を掛けで仕入れた。

10日　所得税の源泉徴収額 ¥7,000 を近畿銀行の当座預金口座から納付した。

11日　電子記録債権 ¥200,000 が決済され、関東銀行の当座預金口座に振り込まれた。

12日　電子記録債務 ¥120,000 が決済され、関東銀行の当座預金口座から支払われた。

17日　売掛金 ¥900,000 について、電子記録債権の発生記録が行われたとの連絡を受けた。

18日　前期からの電子記録債権 ¥10,000 が貸倒れとなった。貸倒引当金の残高はゼロである。

19日　買掛金 ¥700,000 について、電子記録債務の発生記録を行った。

22日　受取手形 ¥75,000 が決済され、近畿銀行の当座預金口座に振り込まれた。

23日　関東銀行の当座預金口座から近畿銀行の当座預金口座に ¥50,000 を送金した。

24日　支払手形 ¥170,000 が決済され、近畿銀行の当座預金口座から引き落とされた。

25日　従業員の給料 ¥140,000 から所得税の源泉徴収額 ¥6,000 を差し引いた残額を関東銀行の当座預金口座から振り込んだ。

28日　水道光熱費 ¥12,000 および通信費 ¥9,000 が関東銀行の当座預金口座から引き落とされた。

第4問（12点）

次の文章の（ア）から（カ）にあてはまる最も適切な語句を［語群］から選択し、**番号**で答えなさい。

1．前期以前に貸倒れとして処理した売掛金について、当期にその一部を回収したときは、その回収金額を収益勘定である（ア）勘定で処理する。

2．株式会社が繰越利益剰余金を財源として配当を行ったときは、会社法で定められた上限額に達するまでは一定額を（イ）として積み立てなければならない。

3．主要簿は、仕訳帳と（ウ）のことである。

4．すでに取得済みの有形固定資産の修理、改良などのために支出した金額のうち、その有形固定資産の使用可能期間を延長または価値を増加させる部分を（エ）支出という。

5．当期中に生じた収益合計から費用合計を差し引いて当期純利益（または当期純損失）を求める計算方法を（オ）という。

6．仕訳の内容を勘定口座に記入する手続きを（カ）という。

［語群］

① 資 本 金	② 総勘定元帳	③ 分 記 法	④ 転 記
⑤ 合計残高試算表	⑥ 収 益 的	⑦ 損 益 法	⑧ 貸倒引当金戻入
⑨ 差入保証金	⑩ 資 本 的	⑪ 利益準備金	⑫ 決 算
⑬ 精 算 表	⑭ 財 産 法	⑮ 償却債権取立益	⑯ 擬 制 的
⑰ 締 切 り	⑱ 受取手数料		

第5問（30点）

次の(1)決算整理前残高試算表および(2)決算整理事項等にもとづいて、答案用紙の貸借対照表および損益計算書を完成しなさい。なお、会計期間は4月1日から翌3月31日までの1年間である。

(1)
決算整理前残高試算表

借 方	勘 定 科 目	貸 方
310,000	現 金	
550,000	普 通 預 金	
770,000	売 掛 金	
650,000	仮 払 消 費 税	
440,000	繰 越 商 品	
2,200,000	建 物	
600,000	備 品	
2,000,000	土 地	
	買 掛 金	630,000
	借 入 金	1,500,000
	仮 受 金	69,400
	仮 受 消 費 税	1,001,000
	所 得 税 預 り 金	18,000
	貸 倒 引 当 金	3,000
	建物減価償却累計額	200,000
	備品減価償却累計額	299,999
	資 本 金	3,000,000
	繰越利益剰余金	248,601
	売 上	10,010,000
6,500,000	仕 入	
2,200,000	給 料	
200,000	法 定 福 利 費	
60,000	支 払 手 数 料	
150,000	租 税 公 課	
100,000	支 払 利 息	
250,000	そ の 他 費 用	
16,980,000		16,980,000

(2) 決算整理事項等

1．仮受金は、得意先からの売掛金 ¥70,000 の振込みであることが判明した。なお、振込額と売掛金の差額は当社負担の振込手数料（問題の便宜上、この振込手数料には消費税が課されないものとする）であり、入金時に振込額を仮受金として処理したのみである。

2．売掛金の期末残高に対して貸倒引当金を差額補充法により1％設定する。

3．期末商品棚卸高は ¥400,000 である。

4．有形固定資産について、次の要領で定額法により減価償却を行う。

　建物：耐用年数22年　残存価額ゼロ

　備品：耐用年数4年　残存価額ゼロ

　なお、決算整理前残高試算表の備品 ¥600,000 のうち ¥200,000 は昨年度にすでに耐用年数をむかえて減価償却を終了している。そこで、今年度は備品に関して残りの ¥400,000 についてのみ減価償却を行う。

5．消費税の処理（税抜方式）を行う。

6．社会保険料の当社負担分 ¥10,000 を未払い計上する。

7．借入金は当期の12月1日に期間1年、利率年4％で借り入れたものであり、借入時にすべての利息が差し引かれた金額を受け取っている。そこで、利息について月割により適切に処理する。

8．未払法人税等 ¥200,000 を計上する。なお、当期に中間納付はしていない。

受験番号

氏名

生年月日 ． ．

× （ココヲトジル） ×

第154回簿記検定試験答案用紙

3 級 ①

商 業 簿 記

採 点 欄	
第1問	
第2問	

第1問 （20点）

	仕 訳			
	借 方 科 目	金 額	貸 方 科 目	金 額
1				
2				
3				
4				
5				

第2問 （8点）

X8年		仕 訳			
		借 方 科 目	金 額	貸 方 科 目	金 額
2	5				
	14				
	25				
	28				

受験番号

氏名

生年月日　　　　．　．

×　　　　（ココヲトジル）　　　　×

第154回簿記検定試験答案用紙

3 級 ②

商 業 簿 記

	採 点 欄
第3問	
第4問	

第3問（30点）

残 高 試 算 表

借 方		勘 定 科 目	貸 方	
2月28日	1月31日		1月31日	2月28日
	126,000	現　　　　金		
	250,000	当座預金近畿銀行		
	390,000	当座預金関東銀行		
	100,000	受　取　手　形		
	480,000	売　　掛　　金		
	270,000	電子記録債権		
	410,000	繰　越　商　品		
	2,900,000	建　　　　物		
	3,000,000	土　　　　地		
		支　払　手　形	190,000	
		買　　掛　　金	330,000	
		電　子　記　録　債　務	160,000	
		所　得　税　預　り　金	7,000	
		建物減価償却累計額	580,000	
		資　　本　　金	5,000,000	
		繰　越　利　益　剰　余　金	906,000	
		売　　　　上	12,000,000	
	9,600,000	仕　　　　入		
	1,400,000	給　　　　料		
	50,000	支　払　手　数　料		
	87,000	通　　信　　費		
	110,000	水　道　光　熱　費		
		（　　　　　　　　）		
	19,173,000		19,173,000	

第4問（12点）

ア	イ	ウ	エ	オ	カ

受験番号

氏名

生年月日　　　　　　．　．

×　　　　　　（ココヲトジル）　　　　　×

第154回簿記検定試験答案用紙

3 級 ③

商 業 簿 記

採 点 欄

第5問

第5問（30点）

貸 借 対 照 表　　　　　　　　　　　　　　　　（単位：円）

現　　　　　金		310,000	買　　掛　　金	630,000
普 通 預 金		（　　　　　）	（　　　　　）消費税	（　　　　　）
売　　掛　　金	（　　　　　）		未 払 法 人 税 等	（　　　　　）
貸 倒 引 当 金	（△　　　　　）	（　　　　　）	（　　　　　）費 用	（　　　　　）
商　　　　　品		（　　　　　）	借　　入　　金	（　　　　　）
（　　　　　）費 用		（　　　　　）	預　　り　　金	（　　　　　）
建　　　　　物	（　　　　　）		資　　本　　金	（　　　　　）
減価償却累計額	（△　　　　　）	（　　　　　）	繰越利益剰余金	（　　　　　）
備　　　　　品	（　　　　　）			
減価償却累計額	（△　　　　　）	（　　　　　）		
土　　　　　地		2,000,000		
		（　　　　　）		（　　　　　）

損 益 計 算 書　　　　　　　　　　　　　　　　（単位：円）

売 上 原 価	（　　　　　）	売　　上　　高	（　　　　　）
給　　　　料	（　　　　　）		
法 定 福 利 費	（　　　　　）		
支 払 手 数 料	（　　　　　）		
租 税 公 課	（　　　　　）		
貸倒引当金繰入	（　　　　　）		
減 価 償 却 費	（　　　　　）		
支 払 利 息	（　　　　　）		
そ の 他 費 用	250,000		
法 人 税 等	（　　　　　）		
当 期 純 利 益	（　　　　　）		
	（　　　　　）		（　　　　　）

計算用紙

計算用紙

計算用紙

第 154 回 模 範 解 答

第154回簿記検定試験模範解答
3 級

第1問（20点）　　　　　　　　　　　　　　　　　　　　（予想配点：仕訳1組につき4点×5ヶ所）

	仕		訳	
	借 方 科 目	金 額	貸 方 科 目	金 額
1	買 掛 金	270,000	支 払 手 形	270,000
2	現 金 受 取 商 品 券	7,600 10,000	売 上 仮 受 消 費 税	16,000 1,600
3	旅 費 交 通 費 消 耗 品 費	2,600 700	仮 払 金	3,300
4	備品減価償却累計額 現 金 固 定 資 産 売 却 損	561,000 3,000 96,000	備 品	660,000
5	普 通 預 金	300	受 取 利 息	300

第2問（8点）　　　　　　　　　　　　　　　　　　　　（予想配点：仕訳1組につき2点×4ヶ所）

X8年		仕		訳	
		借 方 科 目	金 額	貸 方 科 目	金 額
2	5	仕 入	203,000	買 掛 金 現 金	200,000 3,000
	14	現 金	400,000	売 上	400,000
	25	買 掛 金	52,000	仕 入 現 金	50,000 2,000
	28	現 金	1,000	現 金 過 不 足	1,000

第3問（30点）

残 高 試 算 表

借 方		勘 定 科 目	貸 方	
2月28日	1月31日		1月31日	2月28日
106,000	126,000	現　　　　金		
568,000	250,000	当 座 預 金 近 畿 銀 行		
265,000	390,000	当 座 預 金 関 東 銀 行		
25,000	100,000	受 取 手 形		
270,000	480,000	売 掛 金		
960,000	270,000	電 子 記 録 債 権		
410,000	410,000	繰 越 商 品		
2,900,000	2,900,000	建　　　　物		
3,000,000	3,000,000	土　　　　地		
		支 払 手 形	190,000	20,000
		買 掛 金	330,000	450,000
		電 子 記 録 債 務	160,000	740,000
		所 得 税 預 り 金	7,000	6,000
		建 物 減 価 償 却 累 計 額	580,000	580,000
		資 本 金	5,000,000	5,000,000
		繰 越 利 益 剰 余 金	906,000	906,000
		売　　　　上	12,000,000	13,190,000
10,570,000	9,600,000	仕　　　　入		
1,540,000	1,400,000	給　　　　料		
50,000	50,000	支 払 手 数 料		
96,000	87,000	通 信 費		
122,000	110,000	水 道 光 熱 費		
10,000		（貸 倒 損 失）		
20,892,000	19,173,000		19,173,000	20,892,000

第4問（12点）

ア	イ	ウ	エ	オ	カ
⑮	⑪	②	⑩	⑦	④

第5問 (30点) （予想配点：□□□につき3点×10ヶ所）

貸 借 対 照 表 (単位：円)

現　　　　　金		310,000	買　　掛　　金		630,000
普　通　預　金		(550,000)	(未払) 消費税		(351,000)
売　　掛　　金	(700,000)		未 払 法 人 税 等		(200,000)
貸 倒 引 当 金	(△ 7,000)	(693,000)	(未　払) 費用		(10,000)
商　　　　　品		(400,000)	借　　入　　金		(1,500,000)
(前　払) 費用		(40,000)	預　　り　　金		(18,000)
建　　　　　物	(2,200,000)		資　　本　　金		(3,000,000)
減価償却累計額	(△ 300,000)	(1,900,000)	繰越利益剰余金		(384,001)
備　　　　　品	(600,000)				
減価償却累計額	(△ 399,999)	(200,001)			
土　　　　　地		2,000,000			
		(6,093,001)			(6,093,001)

損 益 計 算 書 (単位：円)

売 上 原 価	(6,540,000)	売　　上　　高		(10,010,000)
給　　　　料	(2,200,000)			
法 定 福 利 費	(210,000)			
支 払 手 数 料	(60,600)			
租 税 公 課	(150,000)			
貸倒引当金繰入	(4,000)			
減 価 償 却 費	(200,000)			
支 払 利 息	(60,000)			
その他費用	250,000			
法 人 税 等	(200,000)			
当 期 純 利 益	(135,400)			
	(10,010,000)			(10,010,000)

第1問 ⇒ 仕訳問題

1. 買掛金の決済として手形を振り出しているため、「支払手形（負債）」で処理する。

 （借）買 掛 金 270,000 （貸）支 払 手 形 270,000

2. 商品の販売代金として商品券を受け取っているため、「受取商品券（資産）」で処理し、消費税については「仮受消費税（負債）」で処理する。

 （借）現   金 7,600 （貸）売   上 16,000

 （〃）受 取 商 品 券 10,000 （〃）仮 受 消 費 税 1,600

3. チャージ時に「仮払金（資産）」で処理していたものを利用した場合には、適切な勘定科目である「旅費交通費（費用）」および「消耗品費（費用）」に振り替える。

 （1）チャージ時

 （借）仮 払 金 ××× （貸）現 金 預 金 ×××

 （2）利用時（解答）

 （借）旅 費 交 通 費 2,600 （貸）仮 払 金 3,300

 （〃）消 耗 品 費 700

4. 固定資産の売却に関する問題である。固定資産の売却は、帳簿価額（取得原価−減価償却累計額）と売却金額との差額を固定資産売却損益として処理する。

 （借）備品減価償却累計額 561,000 （貸）備   品 660,000

 （〃）現   金 3,000

 （〃）固 定 資 産 売 却 損 96,000

  ※ 帳簿価額：¥660,000（取得原価）−¥561,000（減価償却累計額）＝¥99,000

  ※ 固定資産売却損：¥99,000−¥3,000（売却金額）＝¥96,000

5. 預金の利息は「受取利息（収益）」で処理する。

 （借）普 通 預 金 300 （貸）受 取 利 息 300

第2問 ⇒ 補助簿から仕訳

各日付の仕訳は次のとおりである。

5日 （借）仕   入 203,000 （貸）買 掛 金 200,000

              買掛金元帳より

             （〃）現   金 3,000

              現金出納帳より

14日 （借）現   金 400,000 （貸）売   上 400,000

   現金出納帳より   売上帳より

25日	（借）買　　　掛　　　金	52,000	（貸）仕　　　　　　　入	50,000
	買掛金元帳より			
			（〃）現　　　　　　　金	2,000
			現金出納帳より	

※　返品運賃は仕入先負担であるため、将来支払う掛代金から差し引く。そのため、買掛金の減少額が¥52,000となり、返品される商品代金が¥50,000（¥52,000－¥2,000）と計算される。

| 28日 | （借）現　　　　　　　金 | 1,000 | （貸）現　金　過　不　足 | 1,000 |

※　帳簿残高（現金出納帳より）：¥277,000（5日の残高）＋¥400,000－¥350,000－¥2,000＝¥325,000
現金過不足：¥326,000（実際有高）－¥325,000＝¥1,000

第3問 ⇒ 残高試算表の作成

　X7年1月31日の残高試算表に［X7年2月中の取引］を加減算することにより、X7年2月28日の残高試算表を作成する。以下、［X7年2月中の取引］を仕訳で示す。

1日	（借）仕　　　　　　　入	520,000	（貸）買　　　掛　　　金	500,000
			（〃）現　　　　　　　金	20,000
2日	（借）売　　　掛　　　金	800,000	（貸）売　　　　　　　上	800,000
4日	（借）当座預金近畿銀行	500,000	（貸）売　　　掛　　　金	500,000
5日	（借）買　　　掛　　　金	130,000	（貸）当座預金近畿銀行	130,000
8日	（借）売　　　掛　　　金	390,000	（貸）売　　　　　　　上	390,000
9日	（借）仕　　　　　　　入	450,000	（貸）買　　　掛　　　金	450,000
10日	（借）所 得 税 預 り 金	7,000	（貸）当座預金近畿銀行	7,000
11日	（借）当座預金関東銀行	200,000	（貸）電 子 記 録 債 権	200,000
12日	（借）電 子 記 録 債 務	120,000	（貸）当座預金関東銀行	120,000
17日	（借）電 子 記 録 債 権	900,000	（貸）売　　　掛　　　金	900,000
18日	（借）貸　倒　損　失	10,000	（貸）電 子 記 録 債 権	10,000
19日	（借）買　　　掛　　　金	700,000	（貸）電 子 記 録 債 務	700,000
22日	（借）当座預金近畿銀行	75,000	（貸）受　　取　　手　　形	75,000
23日	（借）当座預金近畿銀行	50,000	（貸）当座預金関東銀行	50,000
24日	（借）支　払　手　形	170,000	（貸）当座預金近畿銀行	170,000
25日	（借）給　　　　　　　料	140,000	（貸）所 得 税 預 り 金	6,000
			（〃）当座預金関東銀行	134,000
28日	（借）水　道　光　熱　費	12,000	（貸）当座預金関東銀行	21,000
	（〃）通　　信　　費	9,000		

第4問 ⇒ 空欄補充

解答箇所をゴシックとしている。

1. 前期以前に貸倒処理した売掛金を回収した場合には、**償却債権取立益**勘定で処理する。
2. 繰越利益剰余金を財源とする配当については、**利益準備金**を積み立てる。
3. 主要簿は仕訳帳と総勘定元帳のことである。
4. すでに取得済みの有形固定資産の修理、改良のために支出した金額のうち、その有形固定資産の使用可能期間を延長または価値を増加させる支出を**資本的支出**といい、有形固定資産勘定で処理する。また、これら以外の支出は収益的支出といい、修繕費勘定で処理される。
5. 当期中の収益合計から費用合計を差し引いて利益または損失を計算する方法を**損益法**という。
6. 仕訳から勘定口座に記入する手続きを**転記**という。

第5問 ⇒ 財務諸表の作成

決算整理仕訳は以下のとおりである。

1 売掛金の回収

（借）仮 受 金	69,400	（貸）売 掛 金	70,000
（〃）支 払 手 数 料	600		

- ▼ 売掛金：¥770,000（決算整理前残高試算表試算表売掛金）－¥70,000＝¥700,000
- ▼ 支払手数料：¥60,000（決算整理前残高試算表支払手数料）＋¥600＝¥60,600

2 貸倒引当金の設定

（借）貸 倒 引 当 金 繰 入	4,000	（貸）貸 倒 引 当 金	4,000

- ※ ¥700,000（修正後売掛金）× 1 ％－¥3,000（決算整理前残高試算表貸倒引当金）＝¥4,000
- ▼ 貸倒引当金：¥3,000（決算整理前残高試算表貸倒引当金）＋¥4,000＝¥7,000

3 売上原価の算定

売上原価の算定は、解答の便宜上「売上原価」勘定で計算する。

（借）売 上 原 価	440,000	（貸）繰 越 商 品	440,000
（借）売 上 原 価	6,500,000	（貸）仕 入	6,500,000
（借）繰 越 商 品	400,000	（貸）売 上 原 価	400,000

- ▼ 売上原価：¥440,000（決算整理前残高試算表繰越商品）＋¥6,500,000（決算整理前残高試算表仕入）
  －¥400,000（期末商品棚卸高）＝¥6,540,000

4 減価償却

（借）減 価 償 却 費	200,000	（貸）建物減価償却累計額	100,000
		（〃）備品減価償却累計額	100,000

- ※ 建物減価償却累計額：¥2,200,000（決算整理前残高試算表建物）÷22年＝¥100,000
- ※ 備品減価償却累計額：{¥600,000（決算整理前残高試算表備品）－¥200,000（耐用年数到来分）}÷4年＝¥100,000
- ▼ 建物減価償却累計額：¥200,000（決算整理前残高試算表建物減価償却累計額）＋¥100,000＝¥300,000
- ▼ 備品減価償却累計額：¥299,999（決算整理前残高試算表備品減価償却累計額）＋¥100,000＝¥399,999

5　消費税の整理

（借）仮 受 消 費 税　　　1,001,000　　（貸）仮 払 消 費 税　　　　650,000
　　　　　　　　　　　　　　　　　　　　（〃）未 払 消 費 税　　　　351,000

※　未払消費税：¥1,001,000（決算整理前残高試算表仮受消費税）

　　　　　　　　　　　　　　　－¥650,000（決算整理前残高試算表仮払消費税）＝¥351,000

6　社会保険料

会社負担分の社会保険料は、「法定福利費（費用）」で処理する。

（借）法 定 福 利 費　　　　10,000　　（貸）未 払 費 用　　　　　　10,000

▼　法定福利費：¥200,000（決算整理前残高試算表法定福利費）＋¥10,000＝¥210,000

7　利息の前払い計上

（借）前 払 費 用　　　　　40,000　　（貸）支 払 利 息　　　　　　40,000

※　¥1,500,000（決算整理前残高試算表借入金）×4％×8か月（4月～11月）/12か月＝¥40,000

▼　支払利息：¥100,000（決算整理前残高試算表支払利息）－¥40,000＝¥60,000

8　法人税等の計上

（借）法 人 税 等　　　　200,000　　（貸）未 払 法 人 税 等　　　200,000

2019 年 度

第 153 回 簿 記 検 定 試 験

3 級

（午前9時開始　制限時間　2時間）

（2019年11月17日㈰ 施行）

日 本 商 工 会 議 所
各 地 商 工 会 議 所

第1問 （20点）

下記の各取引について仕訳しなさい。ただし、勘定科目は、次の中から最も適当と思われるものを選び、正確に記入すること。

現　　　　　金	当 座 預 金	普 通 預 金	受 取 手 形	売 　掛 　金
前 　払 　金	貯 蔵 品	備 　　　　品	貸 付 金	支 払 手 形
買 　掛 　金	未 　払 　金	前 　受 　金	社会保険料預り金	借 　入 　金
売 　　　　上	受 取 手 数 料	受 取 利 息	仕 　　　　入	支 払 手 数 料
発 　送 　費	通 　信 　費	法 定 福 利 費	租 税 公 課	支 払 利 息

1. 収入印紙 ¥30,000、郵便切手 ¥3,000 を購入し、いずれも費用として処理していたが、決算日に収入印紙 ¥10,000、郵便切手 ¥820 が未使用であることが判明したため、これらを貯蔵品勘定に振り替えることとした。

2. 従業員にかかる健康保険料 ¥90,000 を普通預金口座から納付した。このうち従業員負担分 ¥45,000 は、社会保険料預り金からの支出であり、残額は会社負担分である。

3. 以前注文をうけていた商品 ¥3,000,000 を引き渡し、受注したときに手付金として受け取っていた ¥600,000 を差し引いた金額を掛とした。また、先方負担の発送費 ¥20,000 を現金で支払い、これを掛代金に含めることとした。

4. 取引銀行から借り入れていた ¥2,000,000 の支払期日が到来したため、元利合計を当座預金口座から返済した。なお、借入れにともなう利率は年2.19％であり、借入期間は150日であった。利息は1年を365日として日割計算する。

5. オフィスのデスクセットを購入し、据付作業ののち、次の請求書を受け取り、代金は後日支払うこととした。

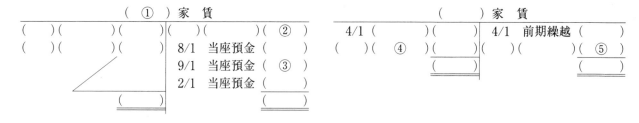

請　求　書

日商株式会社　御中

大門商事株式会社

品　　　物	数量	単　　価	金　　額
オフィスデスクセット	1	¥ 2,000,000	¥ 2,000,000
配送料			¥ 30,000
据付費			¥ 100,000
		合　　計	¥ 2,130,000

X8年11月30日までに合計額を下記口座へお振り込み下さい。
千代田銀行千代田支店　普通　7654321　ダイモンショウジ（カ

第2問 （10点）

関甲信株式会社（決算年1回、3月31日）における次の取引にもとづいて、受取家賃勘定と前受家賃勘定の空欄 ① ～ ⑤ にあてはまる適切な語句または金額を答案用紙に記入しなさい。

X7年4月1日　前期決算日に物件Aに対する今年度4月から7月までの前受家賃を計上していたので、再振替仕訳を行った。1か月分の家賃は ¥100,000 である。

X7年8月1日　物件Aに対する向こう半年分の家賃（8月から1月まで）が当座預金口座に振り込まれた。1か月分の家賃に変更はない。

X7年9月1日　物件Bに対する向こう1年分の家賃が当座預金口座に振り込まれた。この取引は新規で、1か月分の家賃は ¥130,000 である。

X8年2月1日　物件Aに対する向こう半年分の家賃（2月から7月まで）が当座預金口座に振り込まれた。今回から1か月分の家賃は ¥110,000 に値上げしている。

X8年3月31日　決算日を迎え、前受家賃を計上した。

（ ① ）家　賃					（ 　 ）家　賃		
（　）（　）（　）	（　）（　）（ ② ）			4/1 （　）（　）	4/1 前期繰越 （　）		
（　）（　）（　）	8/1 当座預金 （　）		（　）（ ④ ）（　）	（　）（　）（ ⑤ ）			
	9/1 当座預金 （ ③ ）			（　）	（　）		
	2/1 当座預金 （　）						
（　）	（　）						

第3問（30点）

答案用紙のX7年10月31日の残高試算表と次の［X7年11月中の取引］にもとづいて、答案用紙の11月末の残高試算表を作成しなさい。

［X7年11月中の取引］

2日　商品 ¥800,000 を仕入れ、代金は掛けとした。

3日　先月の売上に関する請求書を得意先へ送付し、郵送代金 ¥500 を現金で支払った。

4日　収入印紙 ¥20,000 および郵便切手 ¥10,000 を現金で購入し、費用処理した。

5日　商品 ¥400,000 を売り上げ、代金は掛けとした。

6日　請求書を送付した得意先のうち1社より連絡があり、商品販売の契約を行ったが未販売であった ¥50,000 を先月に当社で売上処理していたことが判明した。そこで、同額の売上および掛代金を減らす処理を行った。

7日　臨時で株主総会を開催し、繰越利益剰余金を次のとおり処分することが承認された。なお、株主配当金はただちに普通預金口座から振り込んだ。

　　株主配当金：¥400,000　　　利益準備金の積立て：¥40,000

8日　売掛金 ¥400,000 について、当社の取引銀行を通じて電子記録債権の発生記録が行われたとの連絡を受けた。

10日　所得税の源泉徴収額 ¥18,000 を普通預金口座から納付した。

12日　商品 ¥1,500,000 を売り上げ、代金は掛けとした。

15日　電子記録債権 ¥300,000 が決済され、同額が普通預金口座へ振り込まれた。

16日　貸付金の元本 ¥200,000 と利息 ¥5,000 の合計額が普通預金口座へ振り込まれた。

20日　従業員の給料 ¥400,000 を支給する際、所得税の源泉徴収額 ¥16,000 を差し引いた残額を普通預金口座から振り込んだ。

22日　商品 ¥620,000 を仕入れ、代金は掛けとした。

25日　得意先から掛代金 ¥2,050,000 が普通預金口座へ振り込まれた。

〃　　仕入先へ掛代金 ¥1,700,000 を普通預金口座から振り込んだ。

26日　普通預金口座から現金 ¥200,000 を引き出した。

28日　家賃 ¥150,000 および電話料金 ¥20,000 が普通預金口座から引き落とされた。

30日　法人税等の中間納付として ¥500,000 を普通預金口座から納付した。

第4問（10点）

次の１月におけるＡ商品に関する［資料］にもとづいて、下記の**問**に答えなさい。なお、払出単価の決定方法として、移動平均法を用いるものとする。

［資料］

１月１日	前月繰越	60	個	@	￥	1,000	
10日	仕　　入	240	個	@	￥	990	
13日	売　　上	250	個	@	￥	1,800	
20日	仕　　入	350	個	@	￥	960	
27日	売　　上	310	個	@	￥	1,750	
29日	売上返品	27日に売り上げた商品のうち品違いのため 10 個返品（受入欄に記入すること）					

問１ 答案用紙の商品有高帳（Ａ商品）を作成しなさい。なお、商品有高帳は締め切らなくて良い。

問２ １月のＡ商品の純売上高、売上原価および売上総利益を答えなさい。

第５問（30点）

次の［決算整理事項等］にもとづいて、**問**に答えなさい。当期はX7年４月１日からX8年３月31日までの１年間である。

［決算整理事項等］

①　売掛金 ￥150,000 が普通預金口座に振り込まれていたが、この記帳がまだ行われていない。

②　仮払金は全額、２月26日に支払った備品購入に係るものである。この備品は３月１日に納品され、同日から使用しているが、この記帳がまだ行われていない。

③　現金過不足の原因を調査したところ、旅費交通費 ￥2,800 の記帳漏れが判明したが、残額は原因不明のため雑損または雑益で処理する。

④　当座預金勘定の貸方残高全額を当座借越勘定に振り替える。なお、当社は取引銀行との間に ￥1,000,000 を借越限度額とする当座借越契約を締結している。

⑤　売掛金の期末残高に対して２％の貸倒引当金を差額補充法で設定する。

⑥　期末商品棚卸高は ￥568,000 である。売上原価は「仕入」の行で計算する。

⑦　建物および備品について、以下の要領で定額法による減価償却を行う。３月１日から使用している備品（上記 ② 参照）についても同様に減価償却を行うが、減価償却費は月割計算する。

　　　建物：残存価額ゼロ　耐用年数30年
　　　備品：残存価額ゼロ　耐用年数５年

⑧　借入金のうち ￥1,200,000 は、期間１年間、利率年３％、利息は元本返済時に１年分を支払う条件で、当期の12月１日に借り入れたものである。したがって、当期にすでに発生している利息を月割で計上する。

⑨　保険料の前払分 ￥30,000 を計上する。

問１ 答案用紙の精算表を完成しなさい。

問２ 決算整理後の**建物の帳簿価額**を答えなさい。

第153回簿記検定試験答案用紙

３ 級 ①

商 業 簿 記

第1問（20点）

	仕		訳	
	借 方 科 目	金 額	貸 方 科 目	金 額
1				
2				
3				
4				
5				

第2問（10点）

①	②	③	④	⑤

第153回簿記検定試験答案用紙

3 級 ②

商 業 簿 記

第3問（30点）

残 高 試 算 表

借　　　方		勘 定 科 目	貸　　　方	
11月30日	10月31日		10月31日	11月30日
	543,500	現　　　　　金		
	3,160,000	普 通 預 金		
	300,000	電 子 記 録 債 権		
	2,100,000	売 　 掛 　 金		
	1,300,000	繰 越 商 品		
		（　　　　）法人税等		
	2,000,000	貸 　 付 　 金		
	1,500,000	備　　　　　品		
	600,000	差 入 保 証 金		
		買 　 掛 　 金	1,700,000	
		所 得 税 預 り 金	18,000	
		備品減価償却累計額	800,000	
		資 　 本 　 金	7,000,000	
		（　　　　　　　　）		
		繰 越 利 益 剰 余 金	1,105,500	
		売 　 　 　 上	16,200,000	
		受 取 利 息	70,000	
	11,000,000	仕 　 　 　 入		
	3,000,000	給 　 　 　 料		
	40,000	通 　 信 　 費		
	50,000	租 税 公 課		
	1,050,000	支 払 家 賃		
	250,000	消 耗 品 費		
	26,893,500		26,893,500	

第4問（10点）
問1

商 品 有 高 帳
A 商 品

X8年		摘　　　要	受　　　入			払　　　出			残　　　高		
			数 量	単 価	金 額	数 量	単 価	金 額	数 量	単 価	金 額
1	1										
	10										
	13										
	20										
	27										
	29										

問2

純 売 上 高	売 上 原 価	売 上 総 利 益
¥	¥	¥

受験番号

氏名

生年月日　　　　．　．

×　　　（ココサトジル）　　　×

第153回簿記検定試験答案用紙

3 級 ③

商 業 簿 記

採 点 欄	
第5問	

第5問（30点）
問1

精 算 表

勘 定 科 目	残高試算表		修 正 記 入		損益計算書		貸借対照表	
	借 方	貸 方	借 方	貸 方	借 方	貸 方	借 方	貸 方
現　　　　　金	135,000							
現 金 過 不 足	3,200							
普 通 預 金	1,630,000							
当 座 預 金		468,000						
売 　 掛 　 金	880,000							
仮 　 払 　 金	420,000							
繰 越 商 品	697,000							
建 　 　 　 物	3,600,000							
備 　 　 　 品	500,000							
土 　 　 　 地	4,400,000							
買 　 掛 　 金		745,000						
借 　 入 　 金		3,200,000						3,200,000
貸 倒 引 当 金		8,600						
建物減価償却累計額		1,180,000						
備品減価償却累計額		300,000						
資 　 本 　 金		4,000,000						4,000,000
繰越利益剰余金		1,174,400						1,174,400
売 　 　 　 上		8,670,000						
仕 　 　 　 入	5,300,000							
給 　 　 　 料	1,800,000							
通 　 信 　 費	26,800							
旅 費 交 通 費	94,000							
保 　 険 　 料	210,000							
支 払 利 息	50,000							
	19,746,000	19,746,000						
雑　　（　　　）								
当 座 借 越								
貸倒引当金繰入								
減 価 償 却 費								
（　　　）利息								
前 払 保 険 料								
当期純（　　　）								

問2　¥（　　　　　　　　　　）

計算用紙

計算用紙

計算用紙

計算用紙

第 153 回 模 範 解 答

第 153 回 簿 記 検 定 試 験 模 範 解 答

3 級

第1問（20点）　　　　　　　　　　　　　　　（予想配点：仕訳1組につき4点×5ヶ所）

	仕		訳	
	借 方 科 目	金 額	貸 方 科 目	金 額
1	貯　蔵　品	10,820	租　税　公　課 通　信　費	10,000 820
2	社 会 保 険 料 預 り 金 法 定 福 利 費	45,000 45,000	普　通　預　金	90,000
3	前　受　金 売　掛　金	600,000 2,420,000	売　上 現　金	3,000,000 20,000
4	借　入　金 支　払　利　息	2,000,000 18,000	当　座　預　金	2,018,000
5	備　品	2,130,000	未　払　金	2,130,000

第2問（10点）　　　　　　　　　　　　　　　　（予想配点：各2点×5ヶ所）

①	②	③	④	⑤
受　取	400,000	1,560,000	次期繰越	1,090,000

第3問 （30点）　　　　　　　　　　　　　　　　　　（予想配点：　　　につき３点×10ヶ所）

残 高 試 算 表

借　　　　方		勘 定 科 目	貸　　　　方	
11月30日	10月31日		10月31日	11月30日
713,000	543,500	現　　　　　　金		
2,343,000	3,160,000	普 通 預 金		
400,000	300,000	電 子 記 録 債 権		
1,500,000	2,100,000	売 　 掛 　 金		
1,300,000	1,300,000	繰 越 商 品		
500,000		（仮払）法 人 税 等		
1,800,000	2,000,000	貸 　 付 　 金		
1,500,000	1,500,000	備 　 　 　 品		
600,000	600,000	差 入 保 証 金		
		買 　 掛 　 金	1,700,000	1,420,000
		所 得 税 預 り 金	18,000	16,000
		備品減価償却累計額	800,000	800,000
		資 　 本 　 金	7,000,000	7,000,000
		（利 益 準 備 金）		40,000
		繰 越 利 益 剰 余 金	1,105,500	665,500
		売 　 　 　 上	16,200,000	18,050,000
		受 取 利 息	70,000	75,000
12,420,000	11,000,000	仕 　 　 　 入		
3,400,000	3,000,000	給 　 　 　 料		
70,500	40,000	通 信 費		
70,000	50,000	租 税 公 課		
1,200,000	1,050,000	支 払 家 賃		
250,000	250,000	消 耗 品 費		
28,066,500	26,893,500		26,893,500	28,066,500

第4問 （10点）　　　　　　　　　　　　　　　　　　（予想配点：　　　につき２点×５ヶ所）

問1

商 品 有 高 帳
A 商 品

X8年		摘 要	受　　入			払　　出			残　　高		
			数量	単価	金額	数量	単価	金額	数量	単価	金額
1	1	前月繰越	60	1,000	60,000				60	1,000	60,000
	10	仕　入	240	990	237,600				300	992	297,600
	13	売　上				250	992	248,000	50	992	49,600
	20	仕　入	350	960	336,000				400	964	385,600
	27	売　上				310	964	298,840	90	964	86,760
	29	売上返品	10	964	9,640				100	964	96,400

問2

純売上高	売上原価	売上総利益
￥　　　975,000	￥　　　537,200	￥　　　437,800

問1

精　算　表

勘　定　科　目	残高試算表		修　正　記　入		損益計算書		貸借対照表	
	借　方	貸　方	借　方	貸　方	借　方	貸　方	借　方	貸　方
現　　　　金	135,000						135,000	
現 金 過 不 足	3,200			3,200				
普 通 預 金	1,630,000		150,000				1,780,000	
当 座 預 金		468,000	468,000					
売 　掛 　金	880,000			150,000			730,000	
仮 　払 　金	420,000			420,000				
繰 越 商 品	697,000		568,000	697,000			568,000	
建　　　　物	3,600,000						3,600,000	
備　　　　品	500,000		420,000				920,000	
土　　　　地	4,400,000						4,400,000	
買 　掛 　金		745,000						745,000
借 　入 　金		3,200,000						3,200,000
貸 倒 引 当 金		8,600		6,000				14,600
建物減価償却累計額		1,180,000		120,000				1,300,000
備品減価償却累計額		300,000		107,000				407,000
資 　本 　金		4,000,000						4,000,000
繰越利益剰余金		1,174,400						1,174,400
売　　　　上		8,670,000				8,670,000		
仕　　　　入	5,300,000		697,000	568,000	5,429,000			
給　　　　料	1,800,000				1,800,000			
通 　信 　費	26,800				26,800			
旅 費 交 通 費	94,000		2,800		96,800			
保 　険 　料	210,000			30,000	180,000			
支 払 利 息	50,000		12,000		62,000			
	19,746,000	19,746,000						
雑　　　（損）			400		400			
当 座 借 越				468,000				468,000
貸倒引当金繰入			6,000		6,000			
減 価 償 却 費			227,000		227,000			
（未払）利　　息				12,000				12,000
前 払 保 険 料			30,000				30,000	
当 期 純 （利益）					842,000			842,000
			2,581,200	2,581,200	8,670,000	8,670,000	12,163,000	12,163,000

問2　　　¥　（　　2,300,000　　）

第1問 ⇒ 仕訳問題

1．購入時に収入印紙については「租税公課（費用）」、郵便切手については「通信費（費用）」で処理されているため、未使用分を貯蔵品に振り替える。

　(1)　購入時

（借）租 税 公 課	30,000	（貸）現 金 預 金 等	33,000
（〃）通 信 費	3,000		

　(2)　解答

（借）貯 蔵 品	10,820	（貸）租 税 公 課	10,000
		（〃）通 信 費	820

2．従業員負担分の健康保険料については「社会保険料預り金（負債）」で処理されており、残額の会社負担分の健康保険料については「法定福利費（費用）」で処理する。

（借）社 会 保 険 料 預 り 金	45,000	（貸）普 通 預 金	90,000
（〃）法 定 福 利 費	45,000		

　　※　法定福利費：¥90,000（支払額）－¥45,000（従業員負担分）＝¥45,000

3．手付金として受け取っていた¥600,000は「前受金（負債）」で処理されており、販売代金の残額については「売掛金（資産）」で処理する。なお、先方負担の発送費は問題文の指示通り「売掛金」に含めて処理する。

　(1)　手付金受取時

（借）現 金 預 金 等	600,000	（貸）前 受 金	600,000

　(2)　解答

（借）前 受 金	600,000	（貸）売 上	3,000,000
（〃）売 掛 金	2,420,000	（〃）現 金	20,000

　　※　売掛金：¥3,000,000（商品販売代金）－¥600,000（手付金）＋¥20,000（先方負担発送費）＝¥2,420,000

4．借入金に対する利息は「支払利息（費用）」で処理する。また、日数計算により利息の計算を行う。

（借）借 入 金	2,000,000	（貸）当 座 預 金	2,018,000
（〃）支 払 利 息	18,000		

　　※　支払利息：¥2,000,000×2.19%×150日/365日＝¥18,000

5．オフィスのデスクセットは「備品（資産）」で処理し、未払の代金については主たる営業取引から生じた債務ではないため、「未払金（負債）」で処理する。また、配送料および据付費については備品を使用するために不可避的に生じる費用であるため、備品の取得原価に加える。

（借）備 品	2,130,000	（貸）未 払 金	2,130,000

第2問 ⇒ 補助簿の選択

受取家賃に関する複式簿記の一連の流れを問う問題である。各仕訳および勘定記入面を示す。

【再振替仕訳】

・4／1（物件A）

（借）前　受　家　賃　　　400,000　　　　（貸）受　取　家　賃　　　400,000

※　¥100,000×4か月（4月〜7月）＝¥400,000

【期中仕訳】

・8／1（物件A）

（借）当　座　預　金　　　600,000　　　　（貸）受　取　家　賃　　　600,000

※　¥100,000×6か月（8月〜1月）＝¥600,000

・9／1（物件B）

（借）当　座　預　金　　1,560,000　　　　（貸）受　取　家　賃　　1,560,000

※　¥130,000×12か月（9月〜8月）＝¥1,560,000

・2／1（物件A）

（借）当　座　預　金　　　660,000　　　　（貸）受　取　家　賃　　　660,000

※　¥110,000×6か月（2月〜7月）＝¥660,000

【決算整理仕訳】

・3／31

（借）受　取　家　賃　　1,090,000　　　　（貸）前　受　家　賃　　1,090,000

※　物件A：¥660,000×4か月（4月〜7月）／6か月（2月〜7月）＝¥440,000

物件B：¥1,560,000×5か月（4月〜8月）／12か月（9月〜8月）＝¥650,000

【決算振替仕訳】

・3／31

（借）受　取　家　賃　　2,130,000　　　　（貸）損　　　　　益　　2,130,000

※　検算：¥100,000（値上前）×10か月（4月〜1月）

＋¥110,000（値上後）×2か月（2月〜3月）＝¥1,220,000（物件A）

¥130,000×7か月（9月〜3月）＝¥910,000（物件B）

¥1,220,000（物件A）＋¥910,000（物件B）＝¥2,130,000

【総勘定元帳】推定箇所をゴシック、解答箇所を**ゴシック**としている。

受　取　家　賃

3／31	前　受　家　賃	1,090,000	4／1	前　受　家　賃	400,000
3／31	損　　　　　益	2,130,000	8／1	当　座　預　金	600,000
			9／1	当　座　預　金	1,560,000
			2／1	当　座　預　金	660,000
		3,220,000			3,220,000

前　受　家　賃

4／1	受　取　家　賃	400,000	4／1	前　期　繰　越	400,000
3／31	次　期　繰　越	1,090,000	3／31	受　取　家　賃	1,090,000
		1,490,000			1,490,000

第3問 ⇒ 残高試算表の作成

10月31日の残高に［11月中の取引］を加減算することにより、11月30日の残高試算表を作成する。以下、［11月中の取引］を仕訳で示す。

2日	（借）仕 入	800,000		（貸）買 掛 金	800,000		
3日	（借）通 信 費	500		（貸）現 金	500		
4日	（借）租 税 公 課	20,000		（貸）現 金	30,000		
	（〃）通 信 費	10,000					
5日	（借）売 掛 金	400,000		（貸）売 上	400,000		
6日	（借）売 上	50,000		（貸）売 掛 金	50,000		
7日	（借）繰 越 利 益 剰 余 金	440,000		（貸）普 通 預 金	400,000		
				（〃）利 益 準 備 金	40,000		
8日	（借）電 子 記 録 債 権	400,000		（貸）売 掛 金	400,000		
10日	（借）所 得 税 預 り 金	18,000		（貸）普 通 預 金	18,000		
12日	（借）売 掛 金	1,500,000		（貸）売 上	1,500,000		
15日	（借）普 通 預 金	300,000		（貸）電 子 記 録 債 権	300,000		
16日	（借）普 通 預 金	205,000		（貸）貸 付 金	200,000		
				（〃）受 取 利 息	5,000		
20日	（借）給 料	400,000		（貸）所 得 税 預 り 金	16,000		
				（〃）普 通 預 金	384,000		
22日	（借）仕 入	620,000		（貸）買 掛 金	620,000		
25日	（借）普 通 預 金	2,050,000		（貸）売 掛 金	2,050,000		
〃	（借）買 掛 金	1,700,000		（貸）普 通 預 金	1,700,000		
26日	（借）現 金	200,000		（貸）普 通 預 金	200,000		
28日	（借）支 払 家 賃	150,000		（貸）普 通 預 金	170,000		
	（〃）通 信 費	20,000					
30日	（借）仮 払 法 人 税 等	500,000		（貸）普 通 預 金	500,000		

第4問 ⇒ 商品有高帳の作成

問1　移動平均法とは、仕入れの都度平均単価を算定する方法であるため、仕入れた都度単価が変動することに注意が必要である。

商 品 有 高 帳
A 商 品

X8年		摘 要	受 入			払 出			残 高		
			数量	単価	金額	数量	単価	金額	数量	単価	金額
1	1	前月繰越	60	1,000	60,000				60	1,000	60,000
	10	仕 入	240	990	237,600				300	992	297,600
	13	売 上				250	992	248,000	50	992	49,600
	20	仕 入	350	960	336,000				400	964	385,600
	27	売 上				310	964	298,840	90	964	86,760
	29	売上返品	10	964	9,640				100	964	96,400

問2

純売上高：¥1,800×250個（13日売上）＋¥1,750×310個（27日売上）

$$- ¥1,750×10個（売上返品）＝¥975,000$$

売上原価：¥248,000（商品有高帳13日）＋¥298,840（商品有高帳27日）

$$- ¥9,640（商品有高帳29日）＝¥537,200$$

売上総利益：¥975,000 － ¥537,200 ＝ ¥437,800

第5問 ⇒ 精算表の作成

決算整理仕訳は以下のとおりである。

1 売掛金の未記入

（借）普 通 預 金 150,000 　　（貸）売 掛 金 150,000

▼ 普通預金：¥1,630,000（残高試算表普通預金）＋¥150,000＝¥1,780,000
▼ 売掛金：¥880,000（残高試算表売掛金）－¥150,000＝¥730,000

2 仮払金の備品への振り替え

（借）備 品 420,000 　　（貸）仮 払 金 420,000

▼ 備品：¥500,000（残高試算表備品）＋¥420,000＝¥920,000

3 現金過不足

（借）旅 費 交 通 費 2,800 　　（貸）現 金 過 不 足 3,200

（〃）雑 損 400

※ 雑損：¥3,200（残高試算表現金過不足）－¥2,800（旅費交通費）＝¥400
▼ 旅費交通費：¥94,000（残高試算表旅費交通費）＋¥2,800＝¥96,800

4 当座借越への振り替え

（借）当 座 預 金 468,000 　　（貸）当 座 借 越 468,000

5 貸倒引当金の設定

（借）貸 倒 引 当 金 繰 入 6,000 　　（貸）貸 倒 引 当 金 6,000

※ ¥730,000（修正後売掛金）×2％－¥8,600（残高試算表貸倒引当金）＝¥6,000
▼ 貸倒引当金：¥8,600（残高試算表貸倒引当金）＋¥6,000＝¥14,600

6 売上原価の算定

（借）仕 入 697,000 　　（貸）繰 越 商 品 697,000

（借）繰 越 商 品 568,000 　　（貸）仕 入 568,000

▼ 仕入：¥5,300,000（残高試算表仕入）＋¥697,000（残高試算表繰越商品）－¥568,000（期末商品棚卸高）＝¥5,429,000

7 減価償却

（借）減 価 償 却 費 227,000 　　（貸）建物減価償却累計額 120,000

（〃）備品減価償却累計額 107,000

※ 建物減価償却累計額：¥3,600,000（残高試算表建物）÷30年（耐用年数）＝¥120,000
※ 備品減価償却累計額
　既存分：¥500,000（残高試算表備品）÷5年（耐用年数）＝¥100,000
　新規取得分：¥420,000÷5年（耐用年数）×1か月（3月）/12か月＝¥7,000
▼ 建物減価償却累計額：¥1,180,000（残高試算表建物減価償却累計額）＋¥120,000＝¥1,300,000
▼ 備品減価償却累計額：¥300,000（残高試算表備品減価償却累計額）＋¥107,000＝¥407,000

8　未払利息の計算

（借）支　払　利　息　　　　12,000　　　　（貸）未　払　利　息　　　　12,000

※　¥1,200,000（借入金額）× 3 ％× 4 か月（X 7 年12月〜X 8 年 3 月）/12か月＝¥12,000
▼　支払利息：¥50,000（残高試算表支払利息）＋¥12,000＝¥62,000

9　前払保険料

（借）前　払　保　険　料　　　　30,000　　　　（貸）保　　険　　料　　　　30,000

▼　保険料：¥210,000（残高試算表保険料）−¥30,000＝¥180,000

10　当期純利益の計算

損益計算書または貸借対照表の貸借差額により求める。

2019 年 度

第 152 回 簿 記 検 定 試 験

3 級

（午前９時開始　制限時間　２時間）

（2019年６月９日㈰施行）

日 本 商 工 会 議 所
各 地 商 工 会 議 所

第1問（20点）

　下記の各取引について仕訳しなさい。ただし、勘定科目は、次の中から最も適当と思われるものを選び、正確に記入すること。

普 通 預 金	当 座 預 金	受 取 手 形	売 掛 金	立 替 金
仮 払 金	手 形 貸 付 金	建 物	備 品	土 地
支 払 手 形	買 掛 金	未 払 金	手 形 借 入 金	資 本 金
給 料	消 耗 品 費	旅 費 交 通 費	租 税 公 課	支 払 利 息

1．建物および土地の固定資産税 ¥500,000 の納付書を受け取り、未払金に計上することなく、ただちに当座預金口座から振り込んで納付した。

2．かねて手形を振り出して借り入れていた ¥1,000,000 の返済期日をむかえ、同額が当座預金口座から引き落とされるとともに、手形の返却を受けた。

3．従業員が出張から帰社し、旅費の精算を行ったところ、あらかじめ概算額で仮払いしていた ¥50,000 では足りず、不足額 ¥25,000 を従業員が立替払いしていた。なお、この不足額は次の給料支払時に従業員へ支払うため、未払金として計上した。

4．1株当たり ¥100,000 で15株の株式を発行し、合計 ¥1,500,000 の払込みを受けて株式会社を設立した。払込金はすべて普通預金口座に預け入れられた。

5．事務用のオフィス機器 ¥550,000 とコピー用紙 ¥5,000 を購入し、代金の合計を普通預金口座から振り込んだ。

第2問（10点）

　次の［資料］にもとづいて、問に答えなさい。

［資料］　X1年5月中の取引

　2日　先月に大阪商会株式会社から掛けで仕入れた商品 ¥20,000 を品違いのため返品し、同社に対する掛代金から差し引いた。

　16日　土地180㎡を1㎡当たり ¥30,000 で取得し、代金は小切手を振り出して支払った。なお、整地費用 ¥198,000 は現金で支払った。

　18日　九州商事株式会社に商品 ¥450,000 を売り上げ、代金のうち ¥40,000 は注文時に同社から受け取った手付金と相殺し、残額は掛けとした。なお、同社負担の発送費 ¥3,000 は現金で立て替え払いしたので、この分は掛代金に含めることとした。

　25日　京都商会株式会社に対する売掛金（前期販売分） ¥370,000 が貸し倒れた。なお、貸倒引当金の残高は ¥160,000 である。

問1　X1年5月中の取引が、答案用紙に示されたどの補助簿に記入されるか答えなさい。なお、解答にあたっては、各取引が記入されるすべての補助簿の欄に○印をつけること。

問2　X1年10月30日に、X1年5月16日に取得した土地すべてを1㎡当たり ¥36,000 で売却した。この売却取引から生じた固定資産売却損益の金額を答えなさい。なお、答案用紙の（　　）内の損か益かのいずれかに○印をつけること。

第3問 （30点）

次の［資料1］および［資料2］にもとづいて、答案用紙のX1年9月30日の残高試算表を作成しなさい。

［資料1］　X1年8月31日の残高試算表

残 高 試 算 表
X1年8月31日

借　　　方	勘 定 科 目	貸　　　方
344,000	現　　　　　金	
1,359,000	当 座 預 金	
650,000	受 取 手 形	
780,000	クレジット売掛金	
75,000	前 払 金	
360,000	繰 越 商 品	
300,000	貸 付 金	
600,000	備　　　　　品	
200,000	差 入 保 証 金	
	支 払 手 形	376,000
	買 掛 金	529,000
	所 得 税 預 り 金	20,000
	貸 倒 引 当 金	40,000
	備品減価償却累計額	180,000
	資 本 金	1,500,000
	繰 越 利 益 剰 余 金	968,000
	売　　　　　上	7,600,000
3,300,000	仕　　　　　入	
1,600,000	給　　　　　料	
430,000	水 道 光 熱 費	
1,000,000	支 払 家 賃	
129,000	支 払 手 数 料	
86,000	消 耗 品 費	
11,213,000		11,213,000

［資料2］　X1年9月中の取引

1日　貸付金 ¥300,000 の満期日になり、元利合計が当座預金口座に振り込まれた。なお、貸付利率は年4％、貸付期間は3か月であり、利息は月割計算する。

2日　商品 ¥240,000 を仕入れ、代金のうち ¥75,000 は注文時に支払った手付金と相殺し、残額は掛けとした。

3日　商品 ¥600,000 をクレジット払いの条件で販売するとともに、信販会社への手数料（販売代金の4％）を計上した。

5日　買掛金 ¥180,000 の支払いとして、同額の約束手形を振り出した。

6日　先月の給料にかかる所得税の源泉徴収額 ¥20,000 を現金で納付した。

8日　オフィス拡張につき、ビルの4階部分を1か月当たり ¥160,000 で賃借する契約を不動産業者と締結し、保証金（敷金）¥320,000 と不動産業者に対する仲介手数料 ¥160,000 を当座預金口座から支払った。

12日　商品 ¥390,000 を仕入れ、代金として同額の約束手形を振り出した。

13日　商品 ¥200,000 を売り上げ、代金として相手先が振り出した約束手形を受け取った。

16日　支払手形 ¥250,000 が決済され、当座預金口座から引き落とされた。

19日　クレジット売掛金 ¥780,000 が当座預金口座に振り込まれた。

20日　給料 ¥300,000 の支払いに際して、所得税の源泉徴収額 ¥15,000 を差し引き、残額を当座預金口座から支払った。

21日　受取手形 ¥470,000 が決済され、当座預金口座に振り込まれた。

22日　水道光熱費 ¥77,000 と家賃 ¥360,000 が当座預金口座から引き落とされた。

26日　買掛金 ¥220,000 を当座預金口座から支払った。

27日　商品を購入する契約を締結し、手付金として現金 ¥40,000 を支払った。

第4問 （10点）

次の各取引の伝票記入について、空欄①～⑤にあてはまる適切な語句または金額を答えなさい。ただし、当社では3伝票制を採用している。また、全額を掛取引として起票する方法と取引を分解して起票する方法のいずれを採用しているかについては、取引ごとに異なるため、各伝票の記入から各自判断すること。

(1) 商品を ¥500,000 で売り上げ、代金のうち ¥50,000 については現金で受け取り、残額は掛けとした。

（ ① ） 伝 票			振 替 伝 票			
科　目	金　額		借方科目	金　額	貸方科目	金　額
（　　　　）	（　②　）		（　③　）	500,000	売　　上	500,000

(2) 商品を ¥300,000 で仕入れ、代金のうち ¥30,000 については現金で支払い、残額は掛けとした。

（　　　） 伝 票			振 替 伝 票			
科　目	金　額		借方科目	金　額	貸方科目	金　額
仕　　入	（　　　　）		（　④　）	（　　　　）	（　　　　）	（　⑤　）

第5問 （30点）

次の(1)決算整理前残高試算表と(2)決算整理事項等にもとづいて、答案用紙の貸借対照表と損益計算書を完成しなさい。消費税の仮受け・仮払いは、売上取引・仕入取引のみで行うものとし、(2)決算整理事項等の7.以外は消費税を考慮しない。なお、会計期間はX1年4月1日からX2年3月31日までの1年間である。

(1)

決算整理前残高試算表

借　方	勘 定 科 目	貸　方
183,000	現　　　　　金	
577,000	当 座 預 金	
491,000	売 　掛 　金	
200,000	繰 越 商 品	
240,000	仮 払 消 費 税	
1,200,000	備　　　　　品	
2,700,000	土　　　　　地	
	買 　掛 　金	593,000
	借 　入 　金	400,000
	仮 受 消 費 税	440,000
	貸 倒 引 当 金	300
	備品減価償却累計額	375,000
	資 　本 　金	2,000,000
	繰 越 利 益 剰 余 金	1,521,700
	売　　　　　上	5,500,000
3,000,000	仕　　　　　入	
1,800,000	給　　　　　料	
300,000	支 払 家 賃	
41,000	水 道 光 熱 費	
62,000	通 　信 　費	
24,000	保 　険 　料	
12,000	支 払 利 息	
10,830,000		10,830,000

(2) 決算整理事項等

1. 現金の実際有高は ¥179,000 であった。帳簿残高との差額のうち ¥2,100 は通信費の記入漏れであることが判明したが、残額は不明のため、雑損または雑益として記載する。

2. 売掛代金の当座預金口座への入金 ¥62,000 の取引が、誤って借方・貸方ともに ¥26,000 と記帳されていたので、その修正を行った。

3. 当月の水道光熱費 ¥3,500 が当座預金口座から引き落とされていたが、未処理であった。

4. 売掛金の期末残高に対して2%の貸倒引当金を差額補充法により設定する。

5. 期末商品棚卸高は ¥174,000 である。

6. 備品について、残存価額をゼロ、耐用年数を8年とする定額法により減価償却を行う。

7. 消費税の処理（税抜方式）を行う。

8. 借入金はX1年6月1日に借入期間1年、利率年6%で借り入れたもので、利息は11月末日と返済日に6か月分をそれぞれ支払うことになっている。利息の計算は月割による。

9. 支払家賃のうち ¥150,000 はX1年11月1日に向こう6か月分を支払ったものである。そこで、前払分を月割により計上する。

第1問 （20点）

<table>
<thead>
<tr><th rowspan="2"></th><th colspan="4">仕</th><th colspan="2">訳</th></tr>
<tr><th colspan="2">借 方 科 目</th><th>金 額</th><th colspan="2">貸 方 科 目</th><th>金 額</th></tr>
</thead>
<tbody>
<tr><td>1</td><td colspan="2"></td><td></td><td colspan="2"></td><td></td></tr>
<tr><td>2</td><td colspan="2"></td><td></td><td colspan="2"></td><td></td></tr>
<tr><td>3</td><td colspan="2"></td><td></td><td colspan="2"></td><td></td></tr>
<tr><td>4</td><td colspan="2"></td><td></td><td colspan="2"></td><td></td></tr>
<tr><td>5</td><td colspan="2"></td><td></td><td colspan="2"></td><td></td></tr>
</tbody>
</table>

第2問 （10点）

問1

補助簿 日付	現金出納帳	当座預金 出 納 帳	商品有高帳	売掛金元帳 (得意先元帳)	買掛金元帳 (仕入先元帳)	仕 入 帳	売 上 帳	固定資産 台　帳
2日								
16日								
18日								
25日								

問2　¥（　　　　　　　　　　　）の固定資産売却（　損　・　益　）

（注）（　　）内の損か益のいずれかに○印をつけること。

受験番号

氏名

生年月日　　　　．　．

✕　　　（ココヲトジル）　　✕

採 点 欄

第152回簿記検定試験答案用紙

3 級 ②

商 業 簿 記

採 点 欄	
第3問	
第4問	

第3問（30点）

残 高 試 算 表
X1年9月30日

借　方	勘 定 科 目	貸　方
	現　　　　　金	
	当 座 預 金	
	受 取 手 形	
	クレジット売掛金	
	前 払 金	
	繰 越 商 品	
600,000	備　　　　　品	
	差 入 保 証 金	
	支 払 手 形	
	買 掛 金	
	所 得 税 預 り 金	
	貸 倒 引 当 金	40,000
	備品減価償却累計額	180,000
	資 本 金	1,500,000
	繰 越 利 益 剰 余 金	968,000
	売　　　　　上	
	受 取 利 息	
	仕　　　　　入	
	給　　　　　料	
	水 道 光 熱 費	
	支 払 家 賃	
	支 払 手 数 料	
86,000	消 耗 品 費	

第4問（10点）

①	②	③	④	⑤

受験番号

氏名

生年月日　　　　　．　　．

×　　　（ココヲトジル）　　　×

第152回簿記検定試験答案用紙

3 級 ③

商 業 簿 記

第 5 問（30点）

貸 借 対 照 表

X2年 3 月31日　　　　　　　　　　　　　　（単位：円）

現　　　　　　金	（　　　　　　）	買　　掛　　金	（　　　　　　）
当 座 預 金	（　　　　　　）	借　　入　　金	（　　　　　　）
売　　掛　　金	（　　　　）	（　　　）消費税	（　　　　　　）
貸 倒 引 当 金 （△　　　　）	（　　　　　　）	未 払 費 用	（　　　　　　）
商　　　　品	（　　　　　　）	資　　本　　金	（　　　　　　）
（　　　）費用	（　　　　　　）	繰越利益剰余金	（　　　　　　）
備　　　品 （　　　　）			
減価償却累計額 （△　　　　）	（　　　　　）		
土　　　　地	（　　　　　）		
	（　　　　　）		（　　　　　）

損 益 計 算 書

X1年 4 月 1 日からX2年 3 月31日まで　　　　　　　　　（単位：円）

売 上 原 価	（　　　　　　）	売　　上　　高	（　　　　　　）
給　　　　料	（　　　　　　）		
貸倒引当金繰入	（　　　　　　）		
減 価 償 却 費	（　　　　　　）		
支 払 家 賃	（　　　　　　）		
水 道 光 熱 費	（　　　　　　）		
通　信　費	（　　　　　　）		
保　険　料	（　　　　　　）		
雑　（　　　）	（　　　　　　）		
支 払 利 息	（　　　　　　）		
当 期 純（　　　）	（　　　　　　）		
	（　　　　　　）		（　　　　　　）

計算用紙

計算用紙

計算用紙

計算用紙

第 152 回 模 範 解 答

第 152 回 簿 記 検 定 試 験 模 範 解 答

3 級

第 1 問（20点）　　　　　　　　　　　　　　　　　　　　（予想配点：仕訳 1 組につき 4 点× 5 ヶ所）

	仕		訳	
	借 方 科 目	金 額	貸 方 科 目	金 額
1	租 税 公 課	500,000	当 座 預 金	500,000
2	手 形 借 入 金	1,000,000	当 座 預 金	1,000,000
3	旅 費 交 通 費	75,000	仮 払 金 未 払 金	50,000 25,000
4	普 通 預 金	1,500,000	資 本 金	1,500,000
5	備 品 消 耗 品 費	550,000 5,000	普 通 預 金	555,000

第 2 問（10点）　　　　　　　　　　　　　　　　　　　　（予想配点：▨ につき 2 点× 5 ヶ所）

問 1

補帳簿 日付	現金出納帳	当座預金 出 納 帳	商品有高帳	売掛金元帳 （得意先元帳）	買掛金元帳 （仕入先元帳）	仕入帳	売上帳	固定資産 台　帳
2 日			○		○	○		
16日	○	○						○
18日	○		○	○			○	
25日				○				

問 2

¥（　　882,000　　）の固定資産売却（　損　・　(益)　）

（注）（　）内の損か益のいずれかに○印をつけること。

第3問 （30点）　　　　　　　　　　　　　　　　　（予想配点：░░░░ につき３点×10ヶ所）

残 高 試 算 表
X１年９月30日

借　　方	勘 定 科 目	貸　　方
284,000	現　　　　　　　金	
1,240,000	当　座　預　金	
380,000	受　取　手　形	
576,000	ク レ ジ ッ ト 売 掛 金	
40,000	前　　払　　金	
360,000	繰　越　商　品	
600,000	備　　　　　　品	
520,000	差　入　保　証　金	
	支　払　手　形	696,000
	買　　掛　　金	294,000
	所　得　税　預　り　金	15,000
	貸　倒　引　当　金	40,000
	備 品 減 価 償 却 累 計 額	180,000
	資　　本　　金	1,500,000
	繰　越　利　益　剰　余　金	968,000
	売　　　　　　上	8,400,000
	受　取　利　息	3,000
3,930,000	仕　　　　　　入	
1,900,000	給　　　　　　料	
507,000	水　道　光　熱　費	
1,360,000	支　払　家　賃	
313,000	支　払　手　数　料	
86,000	消　耗　品　費	
12,096,000		12,096,000

第4問 （10点）　　　　　　　　　　　　　　　　　　（予想配点：各２点×５ヶ所）

①	②	③	④	⑤
入　金	50,000	売　掛　金	仕　入	270,000

第5問 （30点）　　　　　　　　　　　　　　　（予想配点：□□□につき3点×10ヶ所）

貸　借　対　照　表
X2年3月31日　　　　　　　　　　　　　　　（単位：円）

現　　　　　金		（　179,000　）	買　　掛　　金		（　593,000　）
当　座　預　金		（　609,500　）	借　　入　　金		（　400,000　）
売　　掛　　金	（　455,000　）		（未　払）消費税		（　200,000　）
貸倒引当金	（△　9,100　）	（　445,900　）	未　払　費　用		（　8,000　）
商　　　　品		（　174,000　）	資　　本　　金		（　2,000,000　）
（前　払）費用		（　25,000　）	繰越利益剰余金		（　1,607,400　）
備　　　　品	（　1,200,000　）				
減価償却累計額	（△　525,000　）	（　675,000　）			
土　　　　地		（　2,700,000　）			
		（　4,808,400　）			（　4,808,400　）

損　益　計　算　書
X1年4月1日からX2年3月31日まで　　　　　　　（単位：円）

売　上　原　価	（　3,026,000　）	売　　上　　高		（　5,500,000　）
給　　　　料	（　1,800,000　）			
貸倒引当金繰入	（　8,800　）			
減　価　償　却　費	（　150,000　）			
支　払　家　賃	（　275,000　）			
水　道　光　熱　費	（　44,500　）			
通　　信　　費	（　64,100　）			
保　　険　　料	（　24,000　）			
雑　　（損）	（　1,900　）			
支　払　利　息	（　20,000　）			
当期純（利益）	（　85,700　）			
	（　5,500,000　）			（　5,500,000　）

第1問 ⇒ 仕訳問題

1. 建物および土地の固定資産税を支払った場合には、「租税公課（費用）」として処理する。なお、「未払金（負債）」に計上することなく「当座預金（資産）」口座から振り込んでいる点に注意が必要である。

（借）租　税　公　課　　500,000　　（貸）当　座　預　金　　500,000

2. かねて振り出していた手形は「手形借入金（負債）」として処理されているため、手形借入金を減少させ、「当座預金（資産）」からの引落しであるため、当座預金を減少させる。

（借）手　形　借　入　金　1,000,000　　（貸）当　座　預　金　1,000,000

3. 従業員の旅費は、「旅費交通費（費用）」で処理し、代金の一部は概算払いしているため、「仮払金（資産）」で処理しているものを取り崩す。また、不足額は指示通り「未払金（負債）」で処理する。

（借）旅　費　交　通　費　　75,000　　（貸）仮　　払　　金　　50,000
　　　　　　　　　　　　　　　　　　　（〃）未　　払　　金　　25,000

4. 株式を発行し、代金は普通預金口座に預け入れられたため「普通預金（資産）」で処理する。また、株式の発行は、株式会社の元手であるため、「資本金（純資産）」で処理する。

（借）普　通　預　金　1,500,000　　（貸）資　　本　　金　1,500,000

5. 事務用機器は「備品（資産）」で処理し、コピー用紙は「消耗品費（費用）」で処理する。

（借）備　　　　　品　　550,000　　（貸）普　通　預　金　　555,000
（〃）消　耗　品　費　　5,000

第2問 ⇒ 補助簿の選択

問1　指定日の補助簿の選択

指定された日付の補助簿は下記のように選択する。

2日　（借）買　　掛　　金　　20,000　　（貸）仕　　　　　入　　20,000
　　　　　　　買掛金元帳　　　　　　　　　　　　仕入帳＋商品有高帳

16日　（借）土　　　　　地　5,598,000　　（貸）当　座　預　金　5,400,000
　　　　　　　固定資産台帳　　　　　　　　　　　　当座預金出納帳
　　　　　　　　　　　　　　　　　　　　　（〃）現　　　　　金　　198,000
　　　　　　　　　　　　　　　　　　　　　　　　　現金出納帳

　　　※　土地：¥30,000×180m² ＋ ¥198,000 ＝ ¥5,598,000

18日　（借）前　　受　　金　　40,000　　（貸）売　　　　　上　　450,000
　　　　　　　　　　　　　　　　　　　　　　　　売上帳＋商品有高帳

　　　（〃）売　　掛　　金　　413,000　　（〃）現　　　　　金　　3,000
　　　　　　　売掛金元帳　　　　　　　　　　　　現金出納帳

25日　（借）貸　倒　引　当　金　160,000　　（貸）売　　掛　　金　　370,000
　　　　　　　　　　　　　　　　　　　　　　　　売掛金元帳

　　　（〃）貸　倒　損　失　　210,000

問2　固定資産売却損益

¥36,000×180m² − ¥5,598,000（取得原価）＝ ¥882,000（売却益）

第3問 ⇒ 残高試算表の作成

1日	（借）当 座 預 金	303,000	（貸）貸 付 金	300,000
			（〃）受 取 利 息	3,000

※　¥300,000（貸付金）× 4 ％× 3 か月/12か月 ＝ ¥3,000

2日	（借）仕　　　　入	240,000	（貸）前 払 金	75,000
			（〃）買 掛 金	165,000

※　買掛金：¥240,000（仕入金額）− ¥75,000 ＝ ¥165,000

3日	（借）クレジット売掛金	576,000	（貸）売　　　　上	600,000
	（〃）支 払 手 数 料	24,000		

※　支払手数料：¥600,000× 4 ％ ＝ ¥24,000
クレジット売掛金：¥600,000 − ¥24,000 ＝ ¥576,000

5日	（借）買 掛 金	180,000	（貸）支 払 手 形	180,000
6日	（借）所 得 税 預 り 金	20,000	（貸）現　　　　金	20,000
8日	（借）差 入 保 証 金	320,000	（貸）当 座 預 金	480,000
	（〃）支 払 手 数 料	160,000		
12日	（借）仕　　　　入	390,000	（貸）支 払 手 形	390,000
13日	（借）受 取 手 形	200,000	（貸）売　　　　上	200,000
16日	（借）支 払 手 形	250,000	（貸）当 座 預 金	250,000
19日	（借）当 座 預 金	780,000	（貸）クレジット売掛金	780,000
20日	（借）給　　　　料	300,000	（貸）所 得 税 預 り 金	15,000
			（〃）当 座 預 金	285,000

※　当座預金：¥300,000（給料）− ¥15,000（所得税預り金）＝ ¥285,000

21日	（借）当 座 預 金	470,000	（貸）受 取 手 形	470,000
22日	（借）水 道 光 熱 費	77,000	（貸）当 座 預 金	437,000
	（〃）支 払 家 賃	360,000		

※　当座預金：¥77,000（水道光熱費）＋ ¥360,000（支払家賃）＝ ¥437,000

26日	（借）買 掛 金	220,000	（貸）当 座 預 金	220,000
27日	（借）前 払 金	40,000	（貸）現　　　　金	40,000

第4問 ⇒ 伝票会計

伝票の起票は次のとおりである。なお、解答個所を □ にしている。

(1)　振替伝票の金額が¥500,000と記入済みであるため、振替伝票の借方が「売掛金」となる。そのため、全額を掛取引とする方法によるものと判断する。

入 金 伝 票			振 替 伝 票			
科　　目	金　　額		借方科目	金　　額	貸方科目	金　　額
売 掛 金	50,000		売 掛 金	500,000	売　　　上	500,000

(2) 出金伝票に仕入と記入済みであるため、取引を分解する方法であると判断する。

出 金 伝 票	
科　　目	金　　額
仕　　入	30,000

振 替 伝 票			
借方科目	金　　額	貸方科目	金　　額
仕　　入	270,000	買　掛　金	270,000

第5問 ⇒ 財務諸表の作成

決算整理仕訳は以下のとおりである。

1　現金実査

（借）通　信　費　　2,100　　　　（貸）現　　　　　金　　4,000
（〃）雑　　損　　1,900

▼　通信費：￥62,000（決算整理前残高試算表通信費）＋￥2,100＝￥64,100

2　掛代金の入金

(1)　誤っている仕訳

（借）当　座　預　金　　26,000　　　（貸）売　　掛　　金　　26,000

(2)　本来の正しい仕訳

（借）当　座　預　金　　62,000　　　（貸）売　　掛　　金　　62,000

(3)　修正仕訳：(2)－(1)

（借）当　座　預　金　　36,000　　　（貸）売　　掛　　金　　36,000

▼　売掛金：￥491,000（決算整理前残高試算表売掛金）－￥36,000＝￥455,000

3　水道光熱費の引落し

（借）水　道　光　熱　費　　3,500　　　（貸）当　座　預　金　　3,500

▼　当座預金：￥577,000（決算整理前残高試算表当座預金）＋￥36,000（2）－￥3,500＝￥609,500
　　水道光熱費：￥41,000（決算整理前残高試算表水道光熱費）＋￥3,500＝￥44,500

4　貸倒引当金の設定

（借）貸 倒 引 当 金 繰 入　　8,800　　　（貸）貸 倒 引 当 金　　8,800

※　￥455,000（修正後売掛金）×2％－￥300（決算整理前残高試算表貸倒引当金）＝￥8,800
▼　貸倒引当金：￥300（決算整理前残高試算表貸倒引当金）＋￥8,800＝￥9,100

5　売上原価の算定

計算の便宜上「売上原価」勘定で売上原価の算定を行う。

（借）売　上　原　価　　200,000　　　（貸）繰　越　商　品　　200,000

（借）売　上　原　価　　3,000,000　　（貸）仕　　　　　入　　3,000,000

（借）繰　越　商　品　　174,000　　　（貸）売　上　原　価　　174,000

▼　売上原価：￥200,000（決算整理前残高試算表繰越商品）
　　　　　　　　　＋￥3,000,000（決算整理前残高試算表仕入）－￥174,000＝￥3,026,000

6　備品の減価償却

（借）減　価　償　却　費　　150,000　　　（貸）備品減価償却累計額　　150,000

※　￥1,200,000（決算整理前残高試算表備品）÷8年（耐用年数）＝￥150,000
▼　備品減価償却累計額：￥375,000（決算整理前残高試算表備品減価償却累計額）＋￥150,000＝￥525,000

7 消費税の処理

（借）仮 受 消 費 税	440,000	（貸）仮 払 消 費 税	240,000
		（〃）未 払 消 費 税	200,000

※　未払消費税：¥440,000（決算整理前残高試算表仮受消費税）

　　　　　　　　　　　　　　　　　−¥240,000（決算整理前残高試算表仮払消費税）＝¥200,000

8 未払利息の計上

（借）支 払 利 息	8,000	（貸）未 払 利 息	8,000

※　¥400,000（決算整理前残高試算表借入金）×6％×4か月（X1年12月〜X2年3月）/12か月＝¥8,000

▼　支払利息：¥12,000（決算整理前残高試算表支払利息）＋¥8,000＝¥20,000

9 前払家賃の計上

（借）前 払 家 賃	25,000	（貸）支 払 家 賃	25,000

※　¥150,000（6か月分家賃）×1か月（X2年4月）/6か月（X1年11月〜X2年4月）＝¥25,000

▼　支払家賃：¥300,000（決算整理前残高試算表支払家賃）−¥25,000＝¥275,000

平成 30 年度
第 151 回 簿 記 検 定 試 験

３　級

（午前９時開始　制限時間　２時間）

（平成31年２月24日㈰ 施行）

日 本 商 工 会 議 所
各 地 商 工 会 議 所

★　第152回検定以降の試験範囲ではありません。
◆　第152回検定以降、表示が変わります。

第1問（20点）

　下記の各取引について仕訳しなさい。ただし、勘定科目は、次の中から最も適当と思われるものを選び、正確に記入すること。

現　　　金	小　口　現　金	普　通　預　金	売　　掛　　金	未　収　入　金
建　　　物	備　　　品	土　　　地	貸　　付　　金	買　　掛　　金
未　払　金	借　入　金	売　　　上	受　取　利　息	仕　　　入
給　　　料	旅費交通費	支　払手数料	消　耗　品　費	支　払　利　息

1．かねて販売した商品 ¥350,000 の返品を受けたため、掛代金から差し引くこととした。
2．販売用の中古車を ¥850,000 で購入し、代金は掛けとした。なお、当店は中古車販売業を営んでいる。
3．土地付き建物 ¥4,000,000（うち建物 ¥1,000,000、土地 ¥3,000,000）を購入し、売買手数料（それぞれの代金の3％）を加えた総額を普通預金口座から振り込むとともに引渡しを受けた。
4．従業員が業務のために立て替えた1か月分の諸経費は次のとおりであった。そこで、来月の給料に含めて従業員へ支払うこととし、未払金として計上した。
　　　電車代 ¥6,750　　　　タクシー代 ¥4,500　　　　書籍代（消耗品費）¥5,000
5．借入金（元金均等返済）の今月返済分の元本 ¥200,000 および利息（各自計算）が普通預金口座から引き落とされた。利息の引落額は未返済の元本 ¥1,000,000 に利率年3.65％を適用し、30日分の日割計算（1年を365日とする）した額である。

第2問（10点）

　日商商店の10月中の買掛金に関する取引の勘定記録は以下のとおりである。下記勘定の空欄のうち、（A）～（E）には次に示した［語群］の中から適切な語句を選択し記入するとともに、（①）～（⑤）には適切な金額を記入しなさい。なお、仕入先は下記2店のみとし、各勘定は毎月末に締め切っている。

［語群］　前月繰越　　　次月繰越　　　現　　　金　　　普通預金
　　　　仕　　　入　　　買　掛　金

総　勘　定　元　帳

買　掛　金

10/ 9	仕　　　入	（　　　）		10/ 1	前　月　繰　越	330,000	
15	（　A　）	331,000		8	（　D　）	（③）	
（　）	仕　　　入	（①）		（　）	（　　　）	821,000	
25	（　B　）	（②）					
31	（　C　）	293,000					
		（　　　）				（　　　）	

買　掛　金　元　帳

北　海　道　商　店

10/22	（　　　）	（　　　）		10/ 1	（　　　）	210,000	
25	普通預金払い	925,000		21	仕　入　れ	（　　　）	
31	（　　　）	（④）					
		1,031,000				1,031,000	

沖　縄　商　店

10/ 9	返　　品	（⑤）		10/ 1	（　E　）	（　　　）	
15	現　金　払い	（　　　）		8	仕　入　れ	418,000	
31	（　　　）	198,000					
		538,000				538,000	

第3問 （30点）

答案用紙の平成30年1月31日の合計試算表と次の［平成30年2月中の取引］を合算して、答案用紙の2月末の合計試算表を作成しなさい。

［平成30年2月中の取引］

1日 商品 ¥350,000 を売り上げ、代金は掛けとした。

2日 商品 ¥260,000 を仕入れ、代金は掛けとした。

6日 商品 ¥220,000 を売り上げ、代金は掛けとした。

7日 仮店舗の出店のための支払手数料 ¥30,000 および広告宣伝費 ¥15,000 を普通預金口座から振り込んだ。

9日 所得税の源泉徴収額 ¥30,000 を当座預金口座から振り込んだ。

13日 商品 ¥450,000 を売り上げ、代金は掛けとした。

〃 仮店舗のつり銭を用意するため、現金を銀行で両替し、手数料として ¥400 を現金で支払った。

14日 仮店舗で商品 ¥250,000 を売り上げ、代金は現金で受け取った。

〃 仮店舗の現金を集計したところ、帳簿上は ¥299,600 であったが実際には ¥301,600 であったため、差額を現金過不足として処理した。

15日 現金 ¥301,600 を普通預金口座へ預け入れた。

16日 商品 ¥250,000 を仕入れ、代金は小切手を振り出して支払った。

19日 普通預金の利息 ¥50 が普通預金口座へ振り込まれた。

20日 従業員の給料 ¥300,000 から所得税の源泉徴収額 ¥35,000 および従業員貸付金の元本返済額 ¥50,000 を差し引いた残額を当座預金口座から振り込んだ。

〃 得意先から掛代金 ¥925,000 が当座預金口座へ振り込まれた。

〃 仕入先へ掛代金 ¥815,000 を当座預金口座から振り込んだ。

26日 当座預金口座から ¥1,000,000 を定期預金口座へ預け入れた。

27日 家賃 ¥120,000 が当座預金口座から引き落とされた。

28日 水道光熱費 ¥6,000 および通信費 ¥8,000 が当座預金口座から引き落とされた。

第4問（10点）

次の６月中の取引にもとづいて、下記の**問**に答えなさい。

　　６月５日　　Ｘ商品60個を ＠ ￥500 で売り上げた。
　　　　８日　　５日に売り上げたＸ商品のうち10個が返品された。
　　　12日　　Ｘ商品150個を ＠ ￥308 で仕入れた。
　　　22日　　Ｘ商品180個を ＠ ￥490 で売り上げた。

問

(1) **移動平均法**により、答案用紙の商品有高帳（Ｘ商品）を作成しなさい。なお、８日の売上戻りについては、受入欄に記入すること。
(2) **移動平均法**にもとづいた場合の、６月のＸ商品の売上原価を求めなさい。
(3) **先入先出法**にもとづいた場合の、Ｘ商品の次月繰越高を求めなさい。

第5問（30点）

次の ［資料１］ および ［資料２］ にもとづいて、答案用紙の貸借対照表と損益計算書を完成しなさい。なお、会計期間は平成30年１月１日から12月31日までの１年間である。

［資料１］
決算整理前残高試算表

借　　方	勘　定　科　目	貸　　方
185,000	現　　　　　　金	
3,000	現　金　過　不　足	
928,000	普　　通　　預　　金	
568,000	売　　　掛　　　金	
198,000	繰　　越　　商　　品	
3,000,000	建　　　　　　物	
600,000	備　　　　　　品	
1,800,000	土　　　　　　地	
	買　　　掛　　　金	813,000
	仮　　　受　　　金	68,000
	貸　倒　引　当　金	4,000
	建物減価償却累計額	1,200,000
	車両運搬具減価償却累計額	700,000
	資　　　本　　　金	4,396,000
	売　　　　　　上	3,890,000
	受　取　手　数　料	36,000
2,035,000	仕　　　　　　入	
760,000	給　　　　　　料	
162,000	水　道　光　熱　費	
48,000	保　　　険　　　料	
30,000	通　　　信　　　費	
790,000	固　定　資　産　売　却　損	
11,107,000		11,107,000

［資料２］　決算整理事項等

1．現金 ￥50,000 を普通預金口座に預け入れたが、この取引が未処理である。
2．過日発生した現金過不足について調査をしたところ、￥2,000 については通信費の記帳漏れであることが判明したが、残額については不明のため雑損または雑益で処理する。
3．仮受金は、全額が売掛金の回収であることが判明した。
4．期首に車両運搬具（取得原価 ￥800,000、減価償却累計額 ￥700,000）を ￥10,000 で売却し、代金は現金で受け取った際に、以下の仕訳を行っただけなので、適切に修正する。
　　（借方）　現　　　　　金　　10,000
　　　　　　　固定資産売却損　790,000
　　　　　　　　　　（貸方）　車　両　運　搬　具　800,000
5．売掛金の期末残高に対して２％の貸倒引当金を差額補充法により設定する。
6．期末商品棚卸高は ￥235,000 である。
7．建物および備品について、以下の要領でそれぞれ定額法により減価償却を行う。
　　建物：残存価額ゼロ　耐用年数30年
　　備品：残存価額ゼロ　耐用年数５年
　　なお、備品は全額当期の８月１日に購入したものであり、減価償却費は月割計算する。
8．保険料の前払額が ￥12,000 ある。
9．受取手数料は全額当期の12月１日に向こう１年分の手数料を受け取ったものであるため、前受額を月割で計上する。

第151回簿記検定試験答案用紙

3 級 ①

商 業 簿 記

第1問 （20点）

	仕		訳	
	借 方 科 目	金 額	貸 方 科 目	金 額
1				
2				
3				
4				
5				

第2問 （10点）

A	B	C	D	E

①	②	③	④	⑤

受験番号

氏名

生年月日　　　　　　　・　　　・

×　　　　（ココヲトジル）　　　　×

採点欄

第3問

第4問

第151回簿記検定試験答案用紙

3　級　②

商　業　簿　記

第3問（30点）

合　計　試　算　表

借　方　合　計		勘　定　科　目	貸　方　合　計	
2月28日	1月31日		1月31日	2月28日
	110,000	現　　　　　金	2,500	
		現　金　過　不　足		
	350,000	普　通　預　金		
	3,660,000	当　座　預　金	820,500	
		定　期　預　金		
	1,615,000	売　　掛　　金	690,000	
	1,230,000	繰　越　商　品		
	300,000	従　業　員　貸　付　金	50,000	
1,000,000	1,000,000	備　　　　　品		
	320,000	買　　掛　　金	1,135,000	
	30,000	所　得　税　預　り　金	60,000	
		備品減価償却累計額	430,000	430,000
		資　　本　　金	5,702,500	5,702,500
		売　　　　　上	925,000	
		受　取　利　息		
	820,000	仕　　　　　入	5,000	
	250,000	給　　　　　料		
		広　告　宣　伝　費		
	3,000	支　払　手　数　料		
	5,500	水　道　光　熱　費		
	7,000	通　　信　　費		
	120,000	支　払　家　賃		
	9,820,500		9,820,500	

第4問（10点）

(1)

商　品　有　高　帳
Ｘ　商　品

平成 30年		摘　　要	受　　入			払　　出			残　　高		
			数量	単価	金　額	数量	単価	金　額	数量	単価	金　額
6	1	前　月　繰　越	100	300	30,000				100	300	30,000
	5	売　　　　　上									
	8	売　上　戻　り									
	12	仕　　　　　入									
	22	売　　　　　上									
	30	次　月　繰　越									
					—			—			

(2)	(3)
¥	¥

第5問（30点）

貸 借 対 照 表
平成30年12月31日　　　　　　　　　　（単位：円）

現　　　　　金		（　　　　　）	買　掛　金		813,000
普　通　預　金		（　　　　　）	前　受　収　益		（　　　　　）
売　　掛　　金	（　　　　）		資　本　金		4,396,000
貸 倒 引 当 金	（△　　　　）	（　　　　　）	当期純（　　　）		（　　　　　）
商　　　　　品		（　　　　　）			
前　払　費　用		（　　　　　）			
建　　　　　物	（　　　　）				
減価償却累計額	（△　　　　）	（　　　　　）			
備　　　　　品	（　　　　）				
減価償却累計額	（△　　　　）	（　　　　　）			
土　　　　　地		1,800,000			
		（　　　　　）			（　　　　　）

損 益 計 算 書
平成30年1月1日から平成30年12月31日まで　　　　　　（単位：円）

売　上　原　価	（　　　　　）	売　上　高		3,890,000
給　　　　　料	（　　　　　）	受 取 手 数 料		（　　　　　）
水　道　光　熱　費	（　　　　　）			
保　　険　　料	（　　　　　）			
通　　信　　費	（　　　　　）			
貸倒引当金繰入	（　　　　　）			
減　価　償　却　費	（　　　　　）			
雑　（　　　）	（　　　　　）			
固定資産売却損	（　　　　　）			
当 期 純（　　　）	（　　　　　）			
	（　　　　　）			（　　　　　）

計算用紙

計算用紙

計算用紙

第 151 回 模 範 解 答

第151回簿記検定試験模範解答

3 級

第1問 （20点）　　　　　　　　　　　　　　　（予想配点：仕訳1組につき4点×5ヶ所）

	仕			訳	
	借　方　科　目	金　　額	貸　方　科　目	金　　額	
1	売　　　　　　　　上	350,000	売　　掛　　金	350,000	
2	仕　　　　　　　　入	850,000	買　　掛　　金	850,000	
3	建　　　　　　　物 土　　　　　　　地	1,030,000 3,090,000	普　通　預　金	4,120,000	
4	旅　費　交　通　費 消　耗　品　費	11,250 5,000	未　　払　　金	16,250	
5	借　　入　　金 支　払　利　息	200,000 3,000	普　通　預　金	203,000	

第2問 （10点）　　　　　　　　　　　　　　　（予想配点：各1点×10ヶ所）

A	B	C	D	E
現　　金	普 通 預 金	次 月 繰 越	仕　　入	前 月 繰 越

①	②	③	④	⑤
11,000	925,000	418,000	95,000	9,000

第3問 （30点）

（予想配点： □ につき2点×15ヶ所）

合 計 試 算 表

借 方 合 計		勘 定 科 目	貸 方 合 計	
2月28日	1月31日		1月31日	2月28日
362,000	110,000	現　　　　　金	2,500	304,500
		現 金 過 不 足		2,000
651,650	350,000	普 通 預 金		45,000
4,585,000	3,660,000	当 座 預 金	820,500	3,264,500
1,000,000		定 期 預 金		
2,635,000	1,615,000	売 掛 金	690,000	1,615,000
1,230,000	1,230,000	繰 越 商 品		
300,000	300,000	従 業 員 貸 付 金	50,000	100,000
1,000,000	1,000,000	備　　　　　品		
1,135,000	320,000	買 掛 金	1,135,000	1,395,000
60,000	30,000	所 得 税 預 り 金	60,000	95,000
		備品減価償却累計額	430,000	430,000
		資 本 金	5,702,500	5,702,500
		売　　　　　上	925,000	2,195,000
		受 取 利 息		50
1,330,000	820,000	仕　　　　　入	5,000	5,000
550,000	250,000	給　　　　　料		
15,000		広 告 宣 伝 費		
33,400	3,000	支 払 手 数 料		
11,500	5,500	水 道 光 熱 費		
15,000	7,000	通 信 費		
240,000	120,000	支 払 家 賃		
15,153,550	9,820,500		9,820,500	15,153,550

第4問 （10点）

（予想配点： □ につき2点×5ヶ所）

(1)

商 品 有 高 帳
X 商 品

平成30年		摘 要	受 入			払 出			残 高		
			数量	単価	金額	数量	単価	金額	数量	単価	金額
6	1	前月繰越	100	300	30,000				100	300	30,000
	5	売　上				60	300	18,000	40	300	12,000
	8	売上戻り	10	300	3,000				50	300	15,000
	12	仕　入	150	308	46,200				200	306	61,200
	22	売　上				180	306	55,080	20	306	6,120
	30	次月繰越				20	306	6,120			
			260	―	79,200	260	―	79,200			

(2)	(3)
￥ 70,080	￥ 6,160

第5問 （30点）　　　　　　　　　　　　　　　　　　（予想配点：_____につき3点×10ヶ所）

貸　借　対　照　表
平成30年12月31日　　　　　　　　　　　　　　　　（単位：円）

現　　　　　金		（　　135,000　）	買　掛　金		813,000
普　通　預　金		（　　978,000　）	前　受　収　益		（　　33,000　）
売　　掛　　金	（　　500,000　）		資　　本　　金		4,396,000
貸　倒　引　当　金	（△　10,000　）	（　　490,000　）	当期純（利益）		（　　658,000　）
商　　　　　品		（　　235,000　）			
前　払　費　用		（　　12,000　）			
建　　　　　物	（　3,000,000　）				
減価償却累計額	（△1,300,000　）	（　1,700,000　）			
備　　　　　品	（　　600,000　）				
減価償却累計額	（△　50,000　）	（　　550,000　）			
土　　　　　地		1,800,000			
		（　5,900,000　）			（　5,900,000　）

損　益　計　算　書
平成30年1月1日から平成30年12月31日まで　　　　　　（単位：円）

売　上　原　価	（　1,998,000　）	売　　上　　高		3,890,000
給　　　　料	（　　760,000　）	受　取　手　数　料		（　　3,000　）
水　道　光　熱　費	（　　162,000　）			
保　　険　　料	（　　36,000　）			
通　　信　　費	（　　32,000　）			
貸倒引当金繰入	（　　6,000　）			
減　価　償　却　費	（　　150,000　）			
雑　　（損　）	（　　1,000　）			
固定資産売却損	（　　90,000　）			
当期純（利益）	（　　658,000　）			
	（　3,893,000　）			（　3,893,000　）

第1問 ⇒ 仕訳問題

1. 掛販売した商品を返品した場合には、売上げを取り消し、売掛金を減少させる。

(借) 売　　　　上　　350,000　　　　(貸) 売　掛　金　　350,000

2. 販売用の中古車の購入は、商品に該当するため、仕入勘定で処理する。

(借) 仕　　　　入　　850,000　　　　(貸) 買　掛　金　　850,000

3. 固定資産の購入に際して仲介手数料を支払っている場合には、当該仲介手数料は固定資産の取得原価に含めて処理する。

(借) 建　　　　物　　1,030,000　　　　(貸) 普 通 預 金　　4,120,000

(〃) 土　　　　地　　3,090,000

※　建物：¥1,000,000 + ¥1,000,000 × 3 % = ¥1,030,000
　　土地：¥3,000,000 + ¥3,000,000 × 3 % = ¥3,090,000
　　普通預金：¥1,030,000 + ¥3,090,000 = ¥4,120,000

4. 電車代およびタクシー代は旅費交通費勘定で処理し、書籍代については消耗品費勘定で処理する指示があるため、指示に従う。

(借) 旅 費 交 通 費　　11,250　　　　(貸) 未　払　金　　16,250

(〃) 消 耗 品 費　　5,000

※　旅費交通費：¥6,750(電車代) + ¥4,500(タクシー代) = ¥11,250
　　未払金：¥11,250 + ¥5,000 = 16,250

5. 借入金利息の計算をする場合に、未返済額に対して利息は発生するため、今月の返済額ではなく未返済額に利率を乗じて利息の計算を行うことに注意する。

(借) 借　　入　　金　　200,000　　　　(貸) 普 通 預 金　　203,000

(〃) 支 払 利 息　　3,000

※　支払利息：¥1,000,000(未返済の元本) × 3.65% × 30日/365日 = ¥3,000
　　普通預金：¥200,000 + ¥3,000 = ¥203,000

第2問 ⇒ 補助簿の推定

各勘定の推定は下記のとおりである。なお、推定箇所は**ゴシック**にしている。

総 勘 定 元 帳

買 掛 金

10/ 9	仕	入	9,000	10/ 1	前 月 繰 越	330,000
15	**現 金**		331,000	8	**仕 入**	418,000
22	仕	入	11,000	21	**仕 入**	821,000
25	**普 通 預 金**		925,000			
31	**次 月 繰 越**		293,000			
			1,569,000			1,569,000

買 掛 金 元 帳

北 海 道 商 店

10/22	返　　　　品	11,000	10/1	前 月 繰 越	210,000
25	普 通 預 金 払 い	925,000	21	仕　入　れ	821,000
31	次 月 繰 越	95,000			
		1,031,000			1,031,000

沖 縄 商 店

10/9	返　　　　品	9,000	10/1	前 月 繰 越	120,000
15	現 金 払 い	331,000	8	仕　入　れ	418,000
31	次 月 繰 越	198,000			
		538,000			538,000

第３問 ⇒ 残高試算表の作成

　合計試算表を作成する問題である。合計試算表は１月31日の金額に２月中の取引を合算して作成する。以下２月中の仕訳を示す。

1日	（借）売　　　掛　　　金	350,000		（貸）売　　　　　　　上		350,000
2日	（借）仕　　　　　　　入	260,000		（貸）買　　　掛　　　金		260,000
6日	（借）売　　　掛　　　金	220,000		（貸）売　　　　　　　上		220,000
7日	（借）支 払 手 数 料	30,000		（貸）普　通　預　金		45,000
	（〃）広 告 宣 伝 費	15,000				
9日	（借）所 得 税 預 り 金	30,000		（貸）当　座　預　金		30,000
13日	（借）売　　　掛　　　金	450,000		（貸）売　　　　　　　上		450,000
〃	（借）支 払 手 数 料	400		（貸）現　　　　　　　金		400
14日	（借）現　　　　　　　金	250,000		（貸）売　　　　　　　上		250,000
〃	（借）現　　　　　　　金	2,000		（貸）現 金 過 不 足		2,000
15日	（借）普　通　預　金	301,600		（貸）現　　　　　　　金		301,600
16日	（借）仕　　　　　　　入	250,000		（貸）当　座　預　金		250,000
19日	（借）普　通　預　金	50		（貸）受　取　利　息		50
20日	（借）給　　　　　　　料	300,000		（貸）所 得 税 預 り 金		35,000
				（〃）従 業 員 貸 付 金		50,000
				（〃）当　座　預　金		215,000
〃	（借）当　座　預　金	925,000		（貸）売　　　掛　　　金		925,000
〃	（借）買　　　掛　　　金	815,000		（貸）当　座　預　金		815,000
26日	（借）定　期　預　金	1,000,000		（貸）当　座　預　金		1,000,000
27日	（借）支　払　家　賃	120,000		（貸）当　座　預　金		120,000
28日	（借）水 道 光 熱 費	6,000		（貸）当　座　預　金		14,000
	（〃）通　信　費	8,000				

第4問 ⇒ 商品有高帳

(1) 商品有高帳の作成

商 品 有 高 帳
X 商 品

平成30年		摘　要	受　入			払　出			残　高		
			数量	単価	金額	数量	単価	金額	数量	単価	金額
6	1	前月繰越	100	300	30,000				100	300	30,000
	5	売　　上				60	300	18,000	40	300	12,000
	8	売上戻り	10	300	3,000				50	300	15,000
	12	仕　　入	150	308	46,200				200	306	61,200
	22	売　　上				180	306	55,080	20	306	6,120
	30	次月繰越				20	306	6,120			
			260	—	79,200	260	—	79,200			

(2) 移動平均法にもとづいた場合の、6月のX商品の売上原価

　　　¥18,000（5日売上）− ¥3,000（8日売上戻り）+ ¥55,080（22日売上）= ¥70,080

(3) 先入先出法にもとづいた場合の、X商品の次月繰越高

　　　期末商品棚卸数量が20個であることは、(1)の商品有高帳を作成すれば判明していることである。そのため、月末直前の20個の仕入単価が判明すれば次月繰越高を解答できることになる。

　　　20個 × ¥308（12日仕入分）= ¥6,160

第5問 ⇒ 財務諸表の作成

決算整理仕訳は以下のとおりである。

1　普通預金口座に預け入れ

（借）普　通　預　金　　50,000　　　　（貸）現　　　　　金　　50,000

▼　現金：¥185,000（決算整理前残高試算表現金）− ¥50,000 = ¥135,000

▼　普通預金：¥928,000（決算整理前残高試算表普通預金）+ ¥50,000 = ¥978,000

2　現金過不足の判明

　　　期中において現金過不足勘定で処理していたものが決算において判明した場合には、適切な勘定科目に振り替え、なお、過不足額がある場合には雑損または雑益として処理する。

（借）通　　信　　費　　2,000　　　　（貸）現　金　過　不　足　　3,000

（〃）雑　　　　　損　　1,000

※　雑損：¥3,000（決算整理前残高試算表現金過不足）− ¥2,000（判明分）= ¥1,000

▼　通信費：¥30,000（決算整理前残高試算表通信費）+ ¥2,000 = ¥32,000

3　仮受金の判明

（借）仮　　受　　金　　68,000　　　　（貸）売　　掛　　金　　68,000

▼　売掛金：¥568,000（決算整理前残高試算表売掛金）− ¥68,000 = ¥500,000

4　車両運搬具の売却の訂正仕訳

（1）　誤っている仕訳

（借）現	金	10,000	（貸）車 両 運 搬 具	800,000
（〃）固 定 資 産 売 却 損		790,000		

（2）　本来の正しい処理

（借）現	金	10,000	（貸）車 両 運 搬 具	800,000
（〃）車両運搬具減価償却累計額		700,000		
（〃）固 定 資 産 売 却 損		90,000		

※　車両運搬具減価償却累計額は決算整理前残高試算表より

（3）　訂正仕訳（（1）→（2））

　　車両運搬具減価償却累計額で固定資産売却損を減少させることにより、本来の正しい仕訳に修正することができる。

（借）車両運搬具減価償却累計額	700,000	（貸）固 定 資 産 売 却 損	700,000

▼　固定資産売却損：¥790,000（決算整理前残高試算表固定資産売却損）－¥700,000＝¥90,000

5　貸倒引当金の設定

（借）貸 倒 引 当 金 繰 入	6,000	（貸）貸 倒 引 当 金	6,000

※　貸倒引当金繰入：¥500,000（修正後売掛金）×2％－¥4,000（決算整理前残高試算表貸倒引当金）＝¥6,000
▼　貸倒引当金：¥4,000（決算整理前残高試算表貸倒引当金）＋¥6,000＝¥10,000

6　売上原価の算定

解答の便宜上売上原価勘定を用いて売上原価の算定を行う。

（借）売 上 原 価	198,000	（貸）繰 越 商 品	198,000
（借）売 上 原 価	2,035,000	（貸）仕 入	2,035,000
（借）繰 越 商 品	235,000	（貸）売 上 原 価	235,000

▼　売上原価：¥198,000＋¥2,035,000－¥235,000＝¥1,998,000

7　減価償却

（借）減 価 償 却 費	150,000	（貸）建物減価償却累計額	100,000
		（〃）備品減価償却累計額	50,000

※　建物減価償却累計額：¥3,000,000（決算整理前残高試算表建物）÷30年＝¥100,000
　　備品減価償却累計額：¥600,000（決算整理前残高試算表備品）÷5年×5か月（8月～12月）/12か月＝¥50,000
▼　建物減価償却累計額：¥1,200,000（決算整理前残高試算表建物減価償却累計額）＋¥100,000＝¥1,300,000

8　保険料の前払い

解答の便宜上前払費用で処理する。

（借）前 払 費 用	12,000	（貸）保 険 料	12,000

▼　保険料：¥48,000（決算整理前残高試算表保険料）－¥12,000＝¥36,000

9　受取手数料の前受け

解答の便宜上前受収益で処理する。

（借）受 取 手 数 料	33,000	（貸）前 受 収 益	33,000

※　¥36,000（決算整理前残高試算表受取手数料）×11か月（翌年1月～11月）/12か月＝¥33,000
▼　受取手数料：¥36,000（受取手数料）－¥33,000＝¥3,000

平成30年度

第150回簿記検定試験

3 級

（午前9時開始　制限時間　2時間）

（平成30年11月18日㈰施行）

日 本 商 工 会 議 所
各 地 商 工 会 議 所

第1問（20点）

　下記の各取引について仕訳しなさい。ただし、勘定科目は、次の中から最も適当と思われるものを選び、正確に記入すること。

現　　　　　金	現 金 過 不 足	普 通 預 金	売 　 掛 　 金	前 　 払 　 金
未 収 入 金	未 収 手 数 料	建 　 　 物	土 　 　 地	買 　 掛 　 金
前 　 受 　 金	未 　 払 　 金	受 取 手 数 料	雑 　 　 益	仕 　 　 入
旅 費 交 通 費	租 税 公 課	修 　 繕 　 費	雑 　 　 損	損 　 　 益

1. 新店舗を開設する目的で、土地 750 m² を、1 m² 当たり ¥55,000 で購入した。購入手数料 ¥500,000 は普通預金口座から仲介業者に支払い、土地代金は月末に支払うことにした。
2. 仕入勘定において算定された売上原価 ¥2,800,000 を損益勘定に振り替えた。
3. 現金の帳簿残高が実際有高より ¥10,000 少なかったので現金過不足として処理していたが、決算日において、受取手数料 ¥15,000 と旅費交通費 ¥7,000 の記入漏れが判明した。残額は原因が不明であったので、雑益または雑損として処理する。
4. 建物の改築と修繕を行い、代金 ¥20,000,000 を普通預金口座から支払った。うち建物の資産価値を高める支出額（資本的支出）は ¥16,000,000 であり、建物の現状を維持するための支出額（収益的支出）は ¥4,000,000 である。
5. 収入印紙 ¥8,000 を購入し、代金は現金で支払った。なお、この収入印紙はただちに使用した。

第2問（10点）

　以下の ［資料1］ と ［資料2］ にもとづいて、**問**に答えなさい。

［資料1］　平成30年6月1日現在の売掛金に関する状況
1. 総勘定元帳における売掛金勘定の残高は ¥387,000 である。
2. 売掛金元帳（得意先元帳）における東京商店に対する売掛金の残高は ¥230,000、箱根商店に対する売掛金の残高は ¥（ 各自計算 ）である。なお、当店の得意先は東京商店と箱根商店だけである。

［資料2］　平成30年6月中の取引
　7日　岐阜商店から商品 ¥240,000 を仕入れ、代金は掛けとした。なお、当店負担の引取運賃 ¥2,500 は現金で支払った。
　12日　東京商店に商品 ¥78,000 を売り渡し、代金は掛けとした。
　15日　箱根商店に対する売掛金 ¥50,000 が当座預金口座に振り込まれた。
　19日　箱根商店に商品 ¥63,000 を売り渡し、代金は掛けとした。
　22日　19日に箱根商店に売り渡した商品のうち ¥5,000 が返品され、掛代金から差し引くこととした。
　29日　東京商店に対する売掛金 ¥49,000 が当座預金口座に振り込まれた。

問1　6月7日、12日および15日の取引が、答案用紙に示されたどの補助簿に記入されるか答えなさい。なお、解答にあたっては、該当するすべての補助簿の欄に○印を付しなさい。
問2　6月中の純売上高を答えなさい。
問3　6月末における箱根商店に対する売掛金の残高を答えなさい。

第3問 (30点)

答案用紙の残高試算表の月初残高と、次の ［平成×1年10月中の取引］ にもとづいて、答案用紙の平成×1年10月31日の残高試算表を完成しなさい。

重複取引：(1) a と (3) a、(1) b と (2) b、(1) d と (4) a

［平成×1年10月中の取引］

(1) 現金に関する事項

   a．売上代金の受取り　　　　　　　　　¥　　300,000

   b．普通預金口座からの引出し　　　　　¥　　200,000

   c．前月旅費仮払い ¥20,000 の　　　　¥　　　3,000
     うち残金の受取り

   d．仕入代金の支払い　　　　　　　　　¥　　110,000

   e．商品発注にともなう手付金の　　　　¥　　180,000
     支払い

(2) 普通預金に関する事項

   a．掛代金の回収　　　　　　　　　　¥　1,130,000

   b．現金の引出し　　　　　　　　　　¥　　200,000

   c．諸費用の支払い

     通　信　費　　　　　　　　　　¥　　19,000

     水道光熱費　　　　　　　　　　¥　　14,000

     支払家賃　　　　　　　　　　　¥　　90,000

   d．掛代金の支払い　　　　　　　　　¥　　910,000

   e．給料の支払い　　　　　　　　　　¥　　427,000
     （所得税の源泉徴収額 ¥23,000 の控除後）

   f．借入金の元利合計の支払い　　　　¥　　402,000
     （このうち利息額は ¥2,000）

   g．所得税の源泉徴収額の支払い　　　¥　　21,000

   h．未払金の支払い　　　　　　　　　¥　　490,000

(3) 売上に関する事項

   a．現金売上　　　　　　　　　　　　¥　　300,000

   b．掛売上　　　　　　　　　　　　¥　1,380,000

   c．掛売上戻り　　　　　　　　　　　¥　　10,000

(4) 仕入に関する事項

   a．現金仕入　　　　　　　　　　　　¥　　110,000

   b．掛仕入　　　　　　　　　　　　¥　　780,000

   c．手付金の充当による仕入　　　　　¥　　190,000

(5) その他の事項

   a．前期に発生した売掛金の貸倒　　　¥　　74,000
     れ

   b．備品の購入（代金翌月払い）　　　¥　　420,000

第4問（10点）

次の各取引の伝票記入について、空欄①から⑤にあてはまる適切な語句または金額を答えなさい。なお、当店では3伝票制を採用しており、商品売買取引の処理は3分法により行っている。

(1) 商品を ¥400,000 で仕入れ、代金のうち ¥100,000 を現金で支払い、残額は掛けとした。

（　　　）伝　票		振　替　伝　票			
科　　目	金　　額	借方科目	金　　額	貸方科目	金　　額
買　掛　金	（　　　　）	（　①　）	（　　　　）	（　　　　）	（　②　）

(2) 商品を ¥550,000 で売り上げ、代金は掛けとした。また、顧客負担の送料 ¥4,000 を現金で支払い、「（③）伝票」で掛代金に含める記録を行った。

（　③　）伝　票		振　替　伝　票			
科　　目	金　　額	借方科目	金　　額	貸方科目	金　　額
（　④　）	（　　　　）	（　　　　）	（　　　　）	（　　　　）	（　⑤　）

第5問（30点）

次の決算整理事項等にもとづいて、答案用紙の精算表を完成しなさい。なお、会計期間は1月1日から12月31日までの1年間である。

決算整理事項等

1. 当期に仕入れていた商品 ¥70,000 を決算日前に返品し、同額を掛代金から差し引くこととしたが、この取引が未記帳であった。
2. 小口現金係から次のとおり小口現金を使用したことが報告されたが、未記帳であった。なお、この報告にもとづく補給は翌期に行うこととした。
  　　文房具 ¥3,000（使用済み）　　電車賃 ¥4,500
3. 残高試算表欄の土地の半額分は売却済みであったが、代金 ¥1,300,000 を仮受金としたのみであるため、適切に修正する。
4. 残高試算表欄の保険料のうち ¥180,000 は当期の5月1日に向こう1年分として支払ったものであるが、11月中に解約した。保険会社から12月1日以降の保険料が月割で返金される旨の連絡があったため、この分を未収入金へ振り替える。
5. 受取手形および売掛金の期末残高合計に対して2%の貸倒引当金を差額補充法により設定する。
6. 期末商品棚卸高は ¥330,000（1.の返品控除後）である。売上原価は「仕入」の行で計算するが、期末商品棚卸高については返品控除後の金額を用いる。
7. 建物および備品について次のとおり定額法で減価償却を行う。
  　　建物：残存価額は取得原価の10%、耐用年数24年
  　　備品：残存価額ゼロ、耐用年数5年
8. 給料の未払分が ¥45,000 ある。
9. 手形借入金は当期の11月1日に借入期間1年、利率年4.5%で借り入れたものであり、借入時に1年分の利息が差し引かれた金額を受け取っている。そこで、利息の前払分を月割により計上する。

受験番号

氏名

生年月日　　　　　　．　　．

×　　　　（ココヲトジル）　　　　×

第150回簿記検定試験答案用紙

3 級 ①

商 業 簿 記

採 点 欄	
第1問	
第2問	

第1問（20点）

	仕		訳	
	借 方 科 目	金 額	貸 方 科 目	金 額
1				
2				
3				
4				
5				

第2問（10点）

問1

帳簿　　日付	現金出納帳	当 座 預 金出 納 帳	商品有高帳	売掛金元帳（得意先元帳）	買掛金元帳（仕入先元帳）	仕 入 帳	売 上 帳
7日							
12日							
15日							

問2	問3
¥	¥

受験番号 _____

氏名 _____

生年月日 _____ ・ _____

× （ココヲキリトジル） ×

第150回簿記検定試験答案用紙

3 級 ②

商 業 簿 記

採 点 欄	
第3問	
第4問	

第3問（30点）

残 高 試 算 表

借 方		勘 定 科 目	貸 方	
10月末残高	月初残高		月初残高	10月末残高
	437,000	現　　　金		
	2,391,000	普 通 預 金		
	1,296,000	売 掛 金		
		貸 倒 引 当 金	2,000	
	450,000	繰 越 商 品		
	220,000	前 払 金		
	20,000	仮 払 金		
	1,800,000	備　　　品		
		備品減価償却累計額	570,000	
		買 掛 金	1,003,000	
		借 入 金	900,000	
		未 払 金	660,000	
		所 得 税 預 り 金	21,000	
		資 本 金	3,242,000	
		売　　　上	14,480,000	
	9,038,000	仕　　　入		
	3,794,000	給　　　料		
	337,000	旅 費 交 通 費		
		（　　　　　　）		
	91,000	通 信 費		
	156,000	水 道 光 熱 費		
	810,000	支 払 家 賃		
	38,000	支 払 利 息		
	20,878,000		20,878,000	

第4問（10点）

①	②	③	④	⑤

受験番号

氏名

生年月日 ・ ・

× （ココサトジル） ×

採点欄

第
5
問

第150回簿記検定試験答案用紙

3 級 ③

商 業 簿 記

第5問（30点）

精 算 表

勘 定 科 目	残高試算表 借 方	残高試算表 貸 方	修 正 記 入 借 方	修 正 記 入 貸 方	損益計算書 借 方	損益計算書 貸 方	貸借対照表 借 方	貸借対照表 貸 方
現 金	280,000							
小 口 現 金	35,000							
普 通 預 金	320,000							
受 取 手 形	420,000							
売 掛 金	300,000							
繰 越 商 品	480,000							
建 物	800,000							
備 品	750,000							
土 地	2,400,000							
買 掛 金		510,000						
手 形 借 入 金		1,000,000						
仮 受 金		1,300,000						
貸 倒 引 当 金		10,000						
建物減価償却累計額		390,000						
備品減価償却累計額		280,000						
資 本 金		1,310,000						
売 上		6,500,000						
仕 入	4,230,000							
給 料	600,000							
旅 費 交 通 費	80,000							
支 払 家 賃	180,000							
保 険 料	300,000							
消 耗 品 費	80,000							
支 払 利 息	45,000							
	11,300,000	11,300,000						
固定資産売却（　）								
貸倒引当金繰入								
減 価 償 却 費								
未 収 入 金								
（　）給 料								
（　）利 息								
当 期 純（　）								

計算用紙

計算用紙

計算用紙

第 150 回 模 範 解 答

第 150 回 簿 記 検 定 試 験 模 範 解 答

3 級

第1問（20点）　　　　　　　　　　　　　　　（予想配点：仕訳1組につき4点×5ヶ所）

	仕		訳	
	借 方 科 目	金 額	貸 方 科 目	金 額
1	土　　　　　　　　地	41,750,000	未　　払　　金 普　通　預　金	41,250,000 500,000
2	損　　　　　　　　益	2,800,000	仕　　　　　　　入	2,800,000
3	旅　費　交　通　費 現　金　過　不　足	7,000 10,000	受　取　手　数　料 雑　　　　　　　益	15,000 2,000
4	建　　　　　　　　物 修　　　繕　　　費	16,000,000 4,000,000	普　通　預　金	20,000,000
5	租　税　公　課	8,000	現　　　　　　　金	8,000

第2問（10点）　　　　　　　　　　　　　　　（予想配点：▨▨▨につき2点×5ヶ所）

問1

帳簿 日付	現金出納帳	当座預金 出 納 帳	商品有高帳	売掛金元帳 （得意先元帳）	買掛金元帳 （仕入先元帳）	仕入帳	売上帳
7日	○		○		○	○	
12日			○	○			○
15日		○		○			

問 2	問 3
￥　　136,000	￥　　165,000

第3問 （30点）　　　　　　　　　　　　　　　　　　（予想配点：　　　　につき3点×10ヶ所）

残 高 試 算 表

借	方	勘 定 科 目	貸	方
10月末残高	月初残高		月初残高	10月末残高
650,000	437,000	現　　　　　金		
948,000	2,391,000	普 通 預 金		
1,462,000	1,296,000	売 掛 金		
		貸 倒 引 当 金	2,000	
450,000	450,000	繰 越 商 品		
210,000	220,000	前 払 金		
	20,000	仮 払 金		
2,220,000	1,800,000	備　　　　　品		
		備品減価償却累計額	570,000	570,000
		買 掛 金	1,003,000	873,000
		借 入 金	900,000	500,000
		未 払 金	660,000	590,000
		所 得 税 預 り 金	21,000	23,000
		資 本 金	3,242,000	3,242,000
		売　　　　　上	14,480,000	16,150,000
10,118,000	9,038,000	仕　　　　　入		
4,244,000	3,794,000	給　　　　　料		
354,000	337,000	旅 費 交 通 費		
72,000		（ 貸 倒 損 失 ）		
110,000	91,000	通 信 費		
170,000	156,000	水 道 光 熱 費		
900,000	810,000	支 払 家 賃		
40,000	38,000	支 払 利 息		
21,948,000	20,878,000		20,878,000	21,948,000

第4問 （10点）　　　　　　　　　　　　　　　　　　（予想配点：　　　　につき2点×5ヶ所）

①	②	③	④	⑤
仕　入	400,000	出　金	売掛金	550,000

第5問 (30点)

精　算　表

（単位：円）

勘　定　科　目	残高試算表 借　方	残高試算表 貸　方	修正記入 借　方	修正記入 貸　方	損益計算書 借　方	損益計算書 貸　方	貸借対照表 借　方	貸借対照表 貸　方
現　　　　　金	280,000						280,000	
小　口　現　金	35,000			7,500			27,500	
普　通　預　金	320,000						320,000	
受　取　手　形	420,000						420,000	
売　　掛　　金	300,000						300,000	
繰　越　商　品	480,000		330,000	480,000			330,000	
建　　　　　物	800,000						800,000	
備　　　　　品	750,000						750,000	
土　　　　　地	2,400,000			1,200,000			1,200,000	
買　　掛　　金		510,000	70,000					440,000
手　形　借　入　金		1,000,000						1,000,000
仮　　受　　金		1,300,000	1,300,000					
貸　倒　引　当　金		10,000		4,400				14,400
建物減価償却累計額		390,000		30,000				420,000
備品減価償却累計額		280,000		150,000				430,000
資　　本　　金		1,310,000						1,310,000
売　　　　　上		6,500,000				6,500,000		
仕　　　　　入	4,230,000		480,000	70,000	4,310,000			
				330,000				
給　　　　　料	600,000		45,000		645,000			
旅　費　交　通　費	80,000		4,500		84,500			
支　払　家　賃	180,000				180,000			
保　　険　　料	300,000			75,000	225,000			
消　耗　品　費	80,000		3,000		83,000			
支　払　利　息	45,000			37,500	7,500			
	11,300,000	11,300,000						
固定資産売却(益)				100,000		100,000		
貸倒引当金繰入			4,400		4,400			
減　価　償　却　費			180,000		180,000			
未　収　入　金			75,000				75,000	
(未　払)給　料				45,000				45,000
(前　払)利　息			37,500				37,500	
当期純(利　益)					880,600			880,600
			2,529,400	2,529,400	6,600,000	6,600,000	4,540,000	4,540,000

第1問 ⇒ 仕訳問題

1. 固定資産の取得に関する問題である。固定資産の取得は、購入代価に付随費用を加算した額をもって取得原価とされるため、購入手数料は固定資産の取得原価に含める。また、購入代価は月末支払であるため、未払金で処理する。

(借) 土	地	41,750,000	(貸) 未	払	金	41,250,000
			(〃) 普 通	預	金	500,000

   ※ 未払金：¥55,000×750m² = ¥41,250,000
     土 地：¥41,250,000 + ¥500,000（購入手数料）= ¥41,750,000

2. 決算振替仕訳に関する問題である。決算振替仕訳は、当期のすべての収益および費用を損益勘定に振り替え、損益勘定において当期純損益を計算する仕訳である。その場合において、費用項目は損益勘定の借方に集計される。

(借) 損	益	2,800,000	(貸) 仕	入	2,800,000

3. 現金過不足に関する問題である。現金過不足勘定で処理している金額のうち、判明分は適切な勘定に振り替え、なお、残高がある場合には雑益または雑損として処理する。

(借) 旅 費 交 通 費	7,000	(貸) 受 取 手 数 料	15,000
(〃) 現 金 過 不 足	10,000	(〃) 雑 益	2,000

   ※ 雑益：¥10,000（現金過不足）+ ¥7,000（旅費交通費）− ¥15,000（受取手数料）= ¥2,000

4. 固定資産の改築と修繕に関する問題である。固定資産の修繕等を行った場合において、資産価値を高める支出の場合には固定資産勘定で処理し、原状を維持する支出は修繕費で処理する

(借) 建	物	16,000,000	(貸) 普 通	預	金	20,000,000
(〃) 修	繕 費	4,000,000				

5. 収入印紙の購入に関する問題である。収入印紙の使用分は租税公課として処理される。なお、152回検定以降は未使用分がある場合には貯蔵品で処理する。

(借) 租 税 公 課	8,000	(貸) 現	金	8,000

第2問 ⇒ 補助簿の選択

問1 指定日の補助簿の選択

指定された日付の補助簿は下記のように選択する。

7日 (借) 仕　　　　入　　242,500　　(貸) 買　　掛　　金　　240,000
　　　　　仕入帳＋商品有高帳　　　　　　　　　　　買掛金元帳

　　　　　　　　　　　　　　　　　　(〃) 現　　　　金　　　　2,500
　　　　　　　　　　　　　　　　　　　　　現金出納帳

12日 (借) 売　掛　金　　78,000　　(貸) 売　　　　上　　78,000
　　　　　売掛金元帳　　　　　　　　　　　売上帳＋商品有高帳

15日 (借) 当　座　預　金　50,000　　(貸) 売　　掛　　金　　50,000
　　　　　当座預金出納帳　　　　　　　　　　　売掛金元帳

問2　6月中の純売上高

¥78,000（12日）＋ ¥63,000（19日）－ ¥5,000（22日）＝ ¥136,000

問3　6月末における箱根商店に対する売掛金の残高

① 6月1日現在の箱根商店の残高

¥387,000（売掛金勘定の残高）－ ¥230,000（東京商店の残高）＝ ¥157,000

② 6月中の箱根商店の売掛金の増減額

－ ¥50,000（15日）＋ ¥63,000（19日）－ ¥5,000（22日）＝ ¥8,000

③ 6月末における箱根商店に対する売掛金の残高

①＋② ＝ ¥165,000

第3問 ⇒ 残高試算表の作成

平成×1年10月中の仕訳を示す。なお、二重仕訳が含まれているため、注意する。

(1) 現金に関する事項

a．（借）現　　　　　金　　　300,000　　（貸）売　　　　　上　　　300,000

b．（借）現　　　　　金　　　200,000　　（貸）普　通　預　金　　　200,000

c．（借）旅　費　交　通　費　　17,000　　（貸）仮　　払　　金　　　 20,000

　　（〃）現　　　　　金　　　　3,000

d．（借）仕　　　　　入　　　110,000　　（貸）現　　　　　金　　　110,000

e．（借）前　　払　　金　　　180,000　　（貸）現　　　　　金　　　180,000

(2) 普通預金に関する取引

a．（借）普　通　預　金　　1,130,000　　（貸）売　　掛　　金　　1,130,000

b．(1)b.にて処理済み

c．（借）通　　信　　費　　　 19,000　　（貸）普　通　預　金　　　123,000

　　（〃）水　道　光　熱　費　　14,000

　　（〃）支　払　家　賃　　　 90,000

d．（借）買　　掛　　金　　　910,000　　（貸）普　通　預　金　　　910,000

e．（借）給　　　　　料　　　450,000　　（貸）所　得　税　預　り　金　　23,000

　　　　　　　　　　　　　　　　　　　　　（〃）普　通　預　金　　　427,000

f．（借）借　　入　　金　　　400,000　　（貸）普　通　預　金　　　402,000

　　（〃）支　払　利　息　　　 2,000

g．（借）所　得　税　預　り　金　21,000　　（貸）普　通　預　金　　　 21,000

h．（借）未　　払　　金　　　490,000　　（貸）普　通　預　金　　　490,000

(3) 売上に関する取引

a．(1)a.にて処理済み

b．（借）売　　掛　　金　　1,380,000　　（貸）売　　　　　上　　1,380,000

c．（借）売　　　　　上　　　 10,000　　（貸）売　　掛　　金　　　 10,000

(4) 仕入に関する取引

a．(1)d.にて処理済み

b．（借）仕　　　　　入　　　780,000　　（貸）買　　掛　　金　　　780,000

c．（借）仕　　　　　入　　　190,000　　（貸）前　　払　　金　　　190,000

(5) その他の事項

a．(借) 貸 倒 損 失 74,000 (貸) 売 掛 金 74,000
b．(借) 備 品 420,000 (貸) 未 払 金 420,000

第4問 ⇒ 伝票会計

伝票の起票は次のとおりである。なお、解答個所を □ にしている。

(1) 出金伝票の科目欄に「買掛金」が記入済みであるため、全額を掛けで仕入れたと考え振替伝票に記入し、その後、掛代金を現金で支払ったと考え出金伝票に記入する。

出 金 伝 票	
科 目	金 額
買 掛 金	100,000

振 替 伝 票			
借方科目	金 額	貸方科目	金 額
仕 入	400,000	買 掛 金	400,000

(2) 問題文より顧客負担の送料は売掛金に含めるという指示より、出金伝票の科目欄は売掛金となる。また、振替伝票において販売の記入を行うことになる。

出 金 伝 票	
科 目	金 額
売 掛 金	4,000

振 替 伝 票			
借方科目	金 額	貸方科目	金 額
売 掛 金	550,000	売 上	550,000

第5問 ⇒ 財務諸表の作成

決算整理仕訳は以下のとおりである。

1 商品の返品

(借) 買 掛 金 70,000 (貸) 仕 入 70,000

2 小口現金の記帳

小口現金を使用した場合には適切な勘定科目に振り替える。なお、小口現金の補給は翌期に行われる点に注意が必要となる。

(借) 消 耗 品 費 3,000 (貸) 小 口 現 金 7,500
(〃) 旅 費 交 通 費 4,500

3 土地の売却

土地を売却し、売却代金を仮受金で処理しているため仮受金を減額し、売却金額と土地の売却簿価との差額を固定資産売却益で処理する。

(借) 仮 受 金 1,300,000 (貸) 土 地 1,200,000
(〃) 固 定 資 産 売 却 益 100,000

※ 土地（売却簿価）：¥2,400,000（残高試算表土地）×1/2＝¥1,200,000
　固定資産売却益：¥1,300,000（売却代金）－¥1,200,000（売却簿価）＝¥100,000

4 保険料の解約

(借) 未 収 入 金 75,000 (貸) 保 険 料 75,000

※ ¥180,000×5か月（12月～4月)/12か月＝¥75,000

5 貸倒引当金の設定

(借) 貸 倒 引 当 金 繰 入 4,400 (貸) 貸 倒 引 当 金 4,400

※　〔¥420,000（残高試算表受取手形）＋¥300,000（残高試算表売掛金）〕
　　　　　　　　　　　　　　　× 2 ％－¥10,000（残高試算表貸倒引当金）＝¥4,400

6　売上原価の算定

（借）仕　　　　　　　入　　480,000　　（貸）繰　越　商　品　　480,000

（借）繰　越　商　品　　330,000　　（貸）仕　　　　　　　入　　330,000

7　減価償却

（借）減　価　償　却　費　　180,000　　（貸）建物減価償却累計額　　30,000

　　　　　　　　　　　　　　　　　　　（〃）備品減価償却累計額　　150,000

※　建物減価償却累計額：¥800,000（残高試算表建物）×90％÷24年（耐用年数）＝¥30,000
　　備品減価償却累計額：¥750,000（残高試算表備品）÷ 5 年（耐用年数）＝¥150,000

8　給料の未払い

（借）給　　　　　　　料　　45,000　　（貸）未　払　給　料　　45,000

9　利息の前払い

（借）前　払　利　息　　37,500　　（貸）支　払　利　息　　37,500

※　¥1,000,000（残高試算表手形借入金）×4.5％×10か月（翌年 1 月～10月）/12か月＝¥37,500

平成 30 年度

第 149 回 簿 記 検 定 試 験

３　級

（午前９時開始　制限時間　２時間）

（平成30年６月10日㈰施行）

日 本 商 工 会 議 所
各 地 商 工 会 議 所

第1問（20点）

　下記の各取引について仕訳しなさい。ただし、勘定科目は、次の中から最も適当と思われるものを選び、正確に記入すること。

現　　　金	普 通 預 金	受 取 手 形	売 　掛　 金	前 　払 　金
未 収 入 金	仮 　払 　金	手 形 貸 付 金	備　　　品	支 払 手 形
買 　掛 　金	前 　受 　金	手 形 借 入 金	貸 倒 引 当 金	備品減価償却累計額
売　　　上	受 取 利 息	固定資産売却益	仕　　　入	発 　送 　費
広 告 宣 伝 費	支 払 手 数 料	貸 倒 損 失	支 払 利 息	固定資産売却損

1．新田商店に ¥600,000 を貸し付け、同額の約束手形を受け取り、利息 ¥6,000 を差し引いた残額を当店の普通預金口座から新田商店の普通預金口座に振り込んだ。

2．青森商店に商品 ¥480,000 を売り上げ、代金は掛けとした。なお、商品の発送費（青森商店負担）¥10,000 を現金で支払ったので、この分は掛代金に含めることとした。

3．得意先大阪商店の倒産により、同店に対する売掛金（前期販売分）¥130,000 が貸倒れとなった。なお、貸倒引当金の残高は ¥50,000 である。

4．広告宣伝費 ¥35,000 を普通預金口座から支払った。また、振込手数料として ¥300 が同口座から引き落とされた。

5．不用になった備品（取得原価 ¥700,000、減価償却累計額 ¥560,000、間接法で記帳）を期首に ¥20,000 で売却し、代金は月末に受け取ることとした。

第2問（10点）

　当店では毎年8月1日に向こう1年分の保険料 ¥24,000 を支払っていたが、今年の支払額は10％アップして ¥26,400 となった。そこで、この保険料に関連する下記の勘定の空欄のうち、（イ）～（ハ）には次に示した［語群］の中から適切な語句を選択し記入するとともに、（a）～（b）には適切な金額を記入しなさい。なお、会計期間は1月1日から12月31日までであり、前払保険料は月割計算している。

| ［語群］ | 前 期 繰 越 | 次 期 繰 越 | 損　　　益 | 現　　　金 |
| | 未 　払 　金 | 保 　険 　料 | 前 払 保 険 料 | |

保　険　料

1/1（ イ ）（　　　）	12/31（　　　）（　　　）
8/1 現　　金 26,400	〃 （ ロ ）（　　　）
（　　　）	（　　　）
1/1（　　　）（ b ）	

（　　　）保険料

1/1（　　　）（ a ）	1/1（　　　）（　　　）
12/31（　　　）（　　　）	12/31（ ハ ）（　　　）
29,400	29,400
1/1（　　　）（　　　）	1/1（　　　）（　　　）

第3問（30点）

次の【資料】にもとづいて、答案用紙の4月30日の合計残高試算表を作成しなさい。

【資料1】 平成30年3月末の合計試算表

合 計 試 算 表

借　　　方	勘 定 科 目	貸　　　方
491,000	現　　　　　金	185,000
2,070,000	当 座 預 金	1,431,000
930,000	受 取 手 形	290,000
1,100,000	売 掛 金	680,000
120,000	前 払 金	70,000
15,000	仮 払 金	
570,000	繰 越 商 品	
1,200,000	建　　　　　物	
500,000	備　　　　　品	
250,000	支 払 手 形	450,000
440,000	買 掛 金	720,000
27,000	所 得 税 預 り 金	40,000
	未 払 金	86,000
	借 入 金	600,000
	貸 倒 引 当 金	22,000
	建物減価償却累計額	480,000
	備品減価償却累計額	200,000
	資 本 金	1,784,000
	売　　　　　上	2,550,000
1,160,000	仕　　　　　入	49,000
450,000	給　　　　　料	
277,000	水 道 光 熱 費	
14,000	通 信 費	
18,000	旅 費 交 通 費	
5,000	租 税 公 課	
9,637,000		9,637,000

【資料2】 平成30年4月中の取引

2日　先月函館商店に掛売りした商品 ¥10,000 が品違いのため返品され、掛代金から差し引くこととした。

3日　未払金 ¥86,000 を現金で支払った。

4日　岩手商店から商品 ¥180,000 を仕入れ、代金のうち ¥30,000 は注文時に支払った手付金と相殺し、残額は掛けとした。なお、当店負担の引取運賃 ¥2,000 は現金で支払った。

5日　出張中の従業員が帰店し、旅費の残金 ¥3,000 を現金で受け取った。なお、出張にさいして、この従業員には旅費の概算額として現金 ¥15,000 を仮払いしていた。

6日　先月の給料にかかる所得税の源泉徴収額 ¥13,000 を現金で納付した。

10日　埼玉商店に商品 ¥250,000 を売り上げ、代金のうち ¥50,000 は現金で受け取り、残額は掛けとした。

12日　宮城商店から商品 ¥120,000 を仕入れ、同店あての約束手形を振り出した。

13日　収入印紙 ¥3,000 を購入して、現金を支払った。なお、この収入印紙はすぐに使用した。

16日　岩手商店に対する買掛金 ¥57,000 の支払いとして、同店あての約束手形を振り出した。

18日　群馬商店に商品 ¥200,000 を売り上げ、代金として同店が振り出した約束手形を受け取った。

20日　給料 ¥100,000 の支払いにさいして、所得税の源泉徴収額 ¥8,000 を差し引き、残額を当座預金口座から支払った。

24日　函館商店に対する売掛金 ¥175,000 が当座預金口座に振り込まれた。

25日　水道光熱費 ¥73,000 と通信費 ¥9,000 が当座預金口座から引き落とされた。

26日　備品 ¥350,000 を購入し、設置費用 ¥4,000 を含めた代金を来月末に支払うこととした。

27日　かねて振り出していた約束手形 ¥80,000 が当座預金口座から決済された。

30日　借入金のうち ¥200,000 を利息 ¥1,000 とともに当座預金口座から返済した。

第4問（10点）

次の文の①から⑤にあてはまる最も適切な語句を下記の［語群］から選び、ア～シの記号で答えなさい。

1. 貸倒引当金は受取手形や売掛金に対する（ ① ）勘定である。
2. 買掛金元帳は、仕入先ごとの買掛金の増減を記録する（ ② ）である。
3. 建物の修繕によってその機能が向上し価値が増加した場合、（ ③ ）勘定で処理する。
4. 3伝票制を採用している場合、入金伝票と出金伝票の他に、通常（ ④ ）伝票が用いられる。
5. 商品有高帳の払出欄の単価欄には商品の（ ⑤ ）が記入される。

［語群］

ア	仕　　入	イ	売　　上	ウ	主　要　簿	エ	補　助　簿
オ	売　　価	カ	原　　価	キ	評　　価	ク	残　　高
ケ	振　　替	コ	起　　票	サ	建　　物	シ	修　繕　費

第5問（30点）

次の(1)決算整理前残高試算表と(2)決算整理事項等にもとづいて、答案用紙の貸借対照表と損益計算書を完成しなさい。なお、会計期間は平成29年1月1日から平成29年12月31日までの1年間である。

(1)

決算整理前残高試算表

借　　方	勘　定　科　目	貸　　方
108,000	現　　　　　金	
1,000	現　金　過　不　足	
520,000	普　通　預　金	
360,000	売　　掛　　金	
120,000	仮　　払　　金	
180,000	繰　越　商　品	
2,000,000	備　　　　　品	
1,000,000	土　　　　　地	
	買　　掛　　金	210,000
	借　　入　　金	200,000
	貸　倒　引　当　金	200
	備品減価償却累計額	500,000
	資　　本　　金	3,000,000
	売　　　　　上	4,000,000
	受　取　手　数　料	800,000
2,200,000	仕　　　　　入	
1,900,000	給　　　　　料	
230,000	通　　信　　費	
90,000	支　払　家　賃	
1,200	保　　険　　料	
8,710,200		8,710,200

(2) 決算整理事項等

1. 現金過不足 ¥1,000 のうち ¥800 は通信費の記入漏れであった。残額は不明のため適切に処理した。
2. 得意先から商品の内金 ¥20,000 を現金で受け取っていたが、これを売上として処理していたので、適切に修正する。
3. 仮払金 ¥120,000 は、その全額が9月1日に購入した備品に対する支払いであることが判明した。
4. 売掛金の期末残高に対して2％の貸倒引当金を差額補充法により設定する。
5. 期末商品棚卸高は ¥203,000 である。
6. 備品について、残存価額をゼロ、耐用年数を8年とする定額法により減価償却を行う。当期新たに取得した備品についても同様の条件で減価償却費を月割により計算する。
7. 家賃の前払額が ¥15,000 ある。
8. 受取手数料のうち ¥360,000（月額 ¥30,000）は、2月1日に、向こう1年間の手数料を受け取ったものである。
9. 借入金は平成29年6月1日に借入期間1年、年利率3％で借り入れたもので、利息は元金とともに返済時に支払うことになっている。利息の計算は月割による。

受験番号

氏名

生年月日

×　　　　（ココヲトジル）　　　　×

第149回簿記検定試験答案用紙

3 級 ①

商 業 簿 記

採 点 欄	
第1問	
第2問	

第1問 （20点）

	仕		訳	
	借 方 科 目	金 額	貸 方 科 目	金 額
1				
2				
3				
4				
5				

第2問 （10点）

（イ）	（ロ）	（ハ）	（ a ）	（ b ）

第149回簿記検定試験答案用紙

3 級 ②

商 業 簿 記

採 点 欄	
第3問	
第4問	

第3問（30点）

合 計 残 高 試 算 表
平成30年4月30日

借 方 残 高	借 方 合 計	勘 定 科 目	貸 方 合 計	貸 方 残 高
		現　　　　　金		
		当 座 預 金		
		受 取 手 形		
		売 　 掛 　 金		
		前 　 払 　 金		
		仮 　 払 　 金		
		繰 越 商 品		
1,200,000	1,200,000	建　　　　　物		
		備　　　　　品		
		支 払 手 形		
		買 　 掛 　 金		
		所 得 税 預 り 金		
		未 　 払 　 金		
		借 　 入 　 金		
		貸 倒 引 当 金	22,000	22,000
		建物減価償却累計額	480,000	480,000
		備品減価償却累計額	200,000	200,000
		資 　 本 　 金	1,784,000	1,784,000
		売　　　　　上		
		仕　　　　　入		
		給　　　　　料		
		水 道 光 熱 費		
		通 　 信 　 費		
		旅 費 交 通 費		
		租 税 公 課		
		支 払 利 息		

第4問（10点）

①	②	③	④	⑤

受験番号

氏名

生年月日　　　　　　．　．

×　　　（ココヲトジル）　　　×

第149回簿記検定試験答案用紙

3 級 ③

商 業 簿 記

第5問（30点）

貸 借 対 照 表
平成29年12月31日　　　　　　　　　　（単位：円）

現 金		（　　　）	買 掛 金		（　　　）
普 通 預 金		（　　　）	借 入 金		（　　　）
売 掛 金	（　　　）		（　　　　　）		（　　　）
貸 倒 引 当 金	（△　　　）	（　　　）	未 払 費 用		（　　　）
商 品		（　　　）	前 受 収 益		（　　　）
（　　　）費用		（　　　）	資 本 金		（　　　）
備 品	（　　　）		当 期 純（　　　）		（　　　）
減価償却累計額	（△　　　）	（　　　）			
土 地		（　　　）			
		（　　　）			（　　　）

損 益 計 算 書
平成29年1月1日から平成29年12月31日まで　　　　　　（単位：円）

売 上 原 価		（　　　）	売 上 高	（　　　）
給 料		（　　　）	受 取 手 数 料	（　　　）
貸倒引当金繰入		（　　　）		
減 価 償 却 費		（　　　）		
通 信 費		（　　　）		
支 払 家 賃		（　　　）		
保 険 料		（　　　）		
雑 （　　　）		（　　　）		
支 払 利 息		（　　　）		
当 期 純（　　　）		（　　　）		
		（　　　）		（　　　）

計算用紙

計算用紙

計算用紙

計算用紙

第 149 回 模 範 解 答

第149回簿記検定試験模範解答

3 級

第1問（20点）

（予想配点：仕訳1組につき4点×5ヶ所）

	仕		訳		
	借　方　科　目	金　額	貸　方　科　目	金　額	
1	手　形　貸　付　金	600,000	受　取　利　息 普　通　預　金	6,000 594,000	
2	売　　　掛　　　金	490,000	売　　　　　　　上 現　　　　　　　金	480,000 10,000	
3	貸　倒　引　当　金 貸　倒　損　失	50,000 80,000	売　　　掛　　　金	130,000	
4	広　告　宣　伝　費 支　払　手　数　料	35,000 300	普　通　預　金	35,300	
5	備品減価償却累計額 未　収　入　金 固　定　資　産　売　却　損	560,000 20,000 120,000	備　　　　　　　品	700,000	

第2問（10点）

（予想配点：各2点×5ヶ所）

（イ）	（ロ）	（ハ）	（a）	（b）
前払保険料	損益	次期繰越	14,000	15,400

第3問（30点）　　　　　　　　　　　　　　　　　　（予想配点：███につき2点×15ヶ所）

合 計 残 高 試 算 表
平成30年4月30日

借 方 残 高	借 方 合 計	勘 定 科 目	貸 方 合 計	貸 方 残 高
255,000	544,000	現　　　　　金	289,000	
359,000	2,245,000	当 座 預 金	1,886,000	
840,000	1,130,000	受 取 手 形	290,000	
435,000	1,300,000	売 　掛 　金	865,000	
20,000	120,000	前 　払 　金	100,000	
	15,000	仮 　払 　金	15,000	
570,000	570,000	繰 越 商 品		
1,200,000	1,200,000	建 　　　　物		
854,000	854,000	備 　　　　品		
	330,000	支 払 手 形	627,000	297,000
	497,000	買 　掛 　金	870,000	373,000
	40,000	所 得 税 預 り 金	48,000	8,000
	86,000	未 　払 　金	440,000	354,000
	200,000	借 　入 　金	600,000	400,000
		貸 倒 引 当 金	22,000	22,000
		建物減価償却累計額	480,000	480,000
		備品減価償却累計額	200,000	200,000
		資 　本 　金	1,784,000	1,784,000
	10,000	売 　　　　上	3,000,000	2,990,000
1,413,000	1,462,000	仕 　　　　入	49,000	
550,000	550,000	給 　　　　料		
350,000	350,000	水 道 光 熱 費		
23,000	23,000	通 　信 　費		
30,000	30,000	旅 費 交 通 費		
8,000	8,000	租 税 公 課		
1,000	1,000	支 払 利 息		
6,908,000	11,565,000		11,565,000	6,908,000

第4問（10点）　　　　　　　　　　　　　　　　　　（予想配点：各2点×5ヶ所）

①	②	③	④	⑤
キ	エ	サ	ケ	カ

第5問（30点）

貸 借 対 照 表

平成29年12月31日　　　　　　　　　　　　　　（単位：円）

現　　　　　金		（　108,000　）	買　掛　金		（　210,000　）
普 通 預 金		（　520,000　）	借　入　金		（　200,000　）
売　掛　金	（　360,000　）		（ 前　受　金 ）		（　20,000　）
貸倒引当金	（ △　7,200　）	（　352,800　）	未 払 費 用		（　3,500　）
商　　　品		（　203,000　）	前 受 収 益		（　30,000　）
（ 前 払 ）費用		（　15,000　）	資　本　金		（　3,000,000　）
備　　　品	（　2,120,000　）		当期純（ 利益 ）		（　100,300　）◆
減価償却累計額	（ △ 755,000　）	（　1,365,000　）			
土　　　地		（　1,000,000　）			
		（　3,563,800　）			（　3,563,800　）

損 益 計 算 書

平成29年1月1日から平成29年12月31日まで　　　　　　（単位：円）

売 上 原 価	（　2,177,000　）	売　上　高		（　3,980,000　）
給　　　料	（　1,900,000　）	受 取 手 数 料		（　770,000　）
貸倒引当金繰入	（　7,000　）			
減 価 償 却 費	（　255,000　）			
通　信　費	（　230,800　）			
支 払 家 賃	（　75,000　）			
保　険　料	（　1,200　）			
雑　（ 損 ）	（　200　）			
支 払 利 息	（　3,500　）			
当期純（ 利益 ）	（　100,300　）			
	（　4,750,000　）			（　4,750,000　）

（注）「雑損」は「雑損失」でも可

第1問 ⇒ 仕訳問題

1. 手形貸付金に関する問題である。貸付時に利息を受け取っているため、貸付額と利息との差額が新田商店の普通預金口座に振り込む金額となる。

| (借) 手 形 貸 付 金 | 600,000 | (貸) 受 取 利 息 | 6,000 |
| | | (〃) 普 通 預 金 | 594,000 |

　※　普通預金：¥600,000(貸付額) − ¥6,000(受取利息) ＝ ¥594,000

2. 商品の販売に関する問題である。商品の販売時に得意先負担の発送費を当店が支払っているため、問題文の指示通り売掛金勘定に含めて処理する。

| (借) 売 掛 金 | 490,000 | (貸) 売 上 | 480,000 |
| | | (〃) 現 金 | 10,000 |

　※　売掛金：¥480,000(売上) + ¥10,000(発送費) ＝ ¥490,000

3. 掛代金の貸倒れに関する問題である。前期に販売した掛代金については、前期末に貸倒引当金の設定対象になっているため貸倒引当金を補填し、なお差額が生じる場合には貸倒損失勘定で処理する。

| (借) 貸 倒 引 当 金 | 50,000 | (貸) 売 掛 金 | 130,000 |
| (〃) 貸 倒 損 失 | 80,000 | | |

　※　貸倒損失：¥130,000(貸倒額) − ¥50,000(貸倒引当金) ＝ ¥80,000

4. 広告宣伝費の支払いに関する問題である。広告宣伝費の支払い時に手数料が生じているため、当該手数料は支払手数料勘定を用いて処理する。

| (借) 広 告 宣 伝 費 | 35,000 | (貸) 普 通 預 金 | 35,300 |
| (〃) 支 払 手 数 料 | 300 | | |

　※　普通預金：¥35,000(広告宣伝費) + ¥300(手数料) ＝ ¥35,300

5. 固定資産の売却に関する問題である。固定資産の売却は、帳簿価額（取得原価−減価償却累計額）と売却金額との差額を固定資産売却損益として処理する。また、売却代金が未回収である場合には、主たる営業取引（本業）から生じたものではないため、未収入金勘定で処理する。

(借) 備品減価償却累計額	560,000	(貸) 備 品	700,000
(〃) 未 収 入 金	20,000		
(〃) 固 定 資 産 売 却 損	120,000		

　※　固定資産売却損：¥700,000(取得原価) − ¥560,000(減価償却累計額) − ¥20,000(売却金額) ＝ ¥120,000

第2問 ⇒ 勘定記入

保険料に関する複式簿記の一連の流れを問う問題である。勘定記入面および各仕訳を示す。

＜再振替仕訳＞

| (借) 保 険 料 | 14,000 | (貸) 前 払 保 険 料 | 14,000 |

　※　¥24,000×7か月(1月〜7月)/12か月 ＝ ¥14,000

＜期中仕訳＞

| (借) 保 険 料 | 26,400 | (貸) 現 金 | 26,400 |

<決算整理仕訳>

（借）前 払 保 険 料　　　15,400　　　（貸）保　　険　　料　　　15,400

※　¥26,400×7か月（1月〜7月）/12か月＝¥15,400

<決算振替仕訳>

（借）損　　　　益　　　25,000　　　（貸）保　　険　　料　　　25,000

※　検算：¥24,000×7か月（1月〜7月）/12か月＋¥26,400×5か月（8月〜12月）/12か月＝¥25,000

<総勘定元帳>解答箇所を**ゴシック**としている。

保　　険　　料

1/1	前 払 保 険 料	14,000	12/31	前 払 保 険 料		15,400
8/1	現　　　　金	26,400	〃	損　　　　益		25,000
		40,400				40,400
1/1	前 払 保 険 料	**15,400**				

前　払　保　険　料

1/1	前 期 繰 越	**14,000**	1/1	保　　険　　料		14,000
12/31	保　　険　　料	15,400	12/31	次 期 繰 越		15,400
		29,400				29,400
1/1	前 期 繰 越	15,400	1/1	保　　険　　料		15,400

第3問 ⇒ 合計残高試算表

平成30年4月中の仕訳を示す。

2日	（借）売　　　　　上	10,000	（貸）売　掛　金	10,000
3日	（借）未　払　金	86,000	（貸）現　　　　金	86,000
4日	（借）仕　　　　入	182,000	（貸）前　払　金	30,000
			（〃）買　掛　金	150,000
			（〃）現　　　金	2,000
5日	（借）現　　　　金	3,000	（貸）仮　払　金	15,000
	（〃）旅 費 交 通 費	12,000		
6日	（借）所 得 税 預 り 金	13,000	（貸）現　　　金	13,000
10日	（借）現　　　　金	50,000	（貸）売　　　上	250,000
	（〃）売　掛　金	200,000		
12日	（借）仕　　　　入	120,000	（貸）支　払　手　形	120,000
13日	（借）租　税　公　課	3,000	（貸）現　　　金	3,000
16日	（借）買　掛　金	57,000	（貸）支　払　手　形	57,000
18日	（借）受　取　手　形	200,000	（貸）売　　　上	200,000
20日	（借）給　　　　料	100,000	（貸）所 得 税 預 り 金	8,000
			（〃）当　座　預　金	92,000
24日	（借）当　座　預　金	175,000	（貸）売　掛　金	175,000

25日	(借)水 道 光 熱 費	73,000	(貸)当 座 預 金	82,000
	(〃)通 信 費	9,000		
26日	(借)備 品	354,000	(貸)未 払 金	354,000
27日	(借)支 払 手 形	80,000	(貸)当 座 預 金	80,000
30日	(借)借 入 金	200,000	(貸)当 座 預 金	201,000
	(〃)支 払 利 息	1,000		

第4問 ⇒ 空欄補充

1．評価勘定とは、主たる勘定の価額を修正すべく従属して用いられる勘定であり、単独では意義を有しない勘定である。減価償却累計額勘定や貸倒引当金勘定が代表例である。

2．会計帳簿は主要簿（仕訳帳および総勘定元帳）と補助簿（補助元帳と補助記入帳）から構成される。主要簿とは企業が必ず作成しなければならない帳簿のことをさし、補助簿とは企業の任意で作成される帳簿のことをいう。そのため、買掛金元帳は補助簿に該当する。

3．固定資産の修繕を行った場合には、資本的支出と収益的支出に分類される。資本的支出とは、耐用年数の増加や、固定資産の価値を増加させるための支出をいうため、この場合には固定資産勘定で処理される。

4．3伝票制を採用している場合には、現金収入があった場合に起票する入金伝票、現金支出があった場合に起票する出金伝票、これら以外の取引があった場合に起票する振替伝票を用いる。

5．商品有高帳とは、商品の種類ごとに商品の受け入れ、払い出しの都度、数量・単価・金額を記入し、払出金額（売上原価）および手許有高（在庫）を記録する補助簿である。したがって、売価ではなく原価で記録される。

第5問 ⇒ 財務諸表の作成

決算整理仕訳は以下のとおりである。

1 現金過不足の振替え

期中において現金の実際有高と帳簿有高に差額が生じている場合には現金過不足勘定で処理し、判明時に適切な勘定に振り替える。なお、決算日現在において判明しない場合には雑益又は雑損勘定に振り替える。

(借)通 信 費	800	(貸)現 金 過 不 足	1,000
(〃)雑 損	200		

※ 雑損：¥1,000（T／B現金過不足）－¥800（通信費計上漏れ判明分）＝¥200
▼ 通信費：¥230,000（T／B通信費）＋¥800＝¥230,800

2 内金の修正

商品の内金を受け取った場合には、将来商品を受け渡す義務が生じるため、前受金として負債に計上する。また、内金受け取り時に売上を計上しているため、売上を取り消す。

(借)売 上	20,000	(貸)前 受 金	20,000

▼ 売上：¥4,000,000（T／B売上）－¥20,000＝¥3,980,000

3 仮払金の判明

勘定科目不明のため仮払金勘定に計上していたものが判明した場合には、適切な勘定科目に振り替える。

（借）備　　　　品　120,000　　　（貸）仮　払　金　120,000
▼　備品：¥2,000,000（T/B備品）＋¥120,000 ＝ ¥2,120,000

4　貸倒引当金の設定

（借）貸倒引当金繰入　7,000　　　（貸）貸倒引当金　7,000
※　¥360,000（T/B売掛金）× 2％ － ¥200（T/B貸倒引当金）＝ ¥7,000
▼　貸倒引当金：¥200（T/B貸倒引当金）＋¥7,000 ＝ ¥7,200

5　売上原価の算定

売上原価は、期首商品棚卸高に当期商品仕入高を加算し、期末商品棚卸高を差し引くことにより算出される。計算の便宜上売上原価勘定で売上原価の算定を行う。

（借）売　上　原　価　180,000　　　（貸）繰　越　商　品　180,000
（借）売　上　原　価　2,200,000　　（貸）仕　　　入　2,200,000
（借）繰　越　商　品　203,000　　　（貸）売　上　原　価　203,000
▼　売上原価：¥180,000（T/B繰越商品）＋¥2,200,000（T/B仕入）－¥203,000（期末商品棚卸高）＝ ¥2,177,000

6　備品の減価償却

（借）減　価　償　却　費　255,000　　（貸）備品減価償却累計額　255,000
※　減価償却費：¥2,000,000（T/B備品）÷ 8 年 ＝ ¥250,000
　　　　　　　　¥120,000（期中取得分、上記 3 ）÷ 8 年 × 4 か月（9 月～12月）/12か月 ＝ ¥5,000
▼　減価償却累計額：¥500,000（T/B備品減価償却累計額）＋¥250,000＋¥5,000 ＝ 755,000

7　家賃の前払い

（借）前　払　家　賃　15,000　　　（貸）支　払　家　賃　15,000
▼　¥90,000（T/B支払家賃）－¥15,000 ＝ ¥75,000
※「前払家賃」は貸借対照表上「前払費用」として表示する。

8　手数料の前受け

（借）受　取　手　数　料　30,000　　（貸）前　受　手　数　料　30,000
※　前受手数料：¥360,000 × 1 か月（平成30年 1 月）/12か月 ＝ ¥30,000
▼　受取手数料：¥800,000（T/B受取手数料）－¥30,000 ＝ ¥770,000
※「前受手数料」は貸借対照表上「前受収益」として表示する。

9　借入金利息の計算

（借）支　払　利　息　3,500　　　（貸）未　払　利　息　3,500
※　未払利息：¥200,000（T/B借入金）× 3％ × 7 か月（平成29年 6 月～平成29年12月）/12か月 ＝ ¥3,500
※「未払利息」は貸借対照表上「未払費用」として計上する。

（注）　第152回の検定より株式会社を前提とした出題に変更されます。株式会社においては、利益と資本を区別する観点から、当期純利益または損失は繰越利益剰余金勘定で処理されるため、貸借対照表での表示に注意が必要となります。

平成 29 年度

第 148 回 簿 記 検 定 試 験

3　級

（午前 9 時開始　制限時間　2 時間）

（平成30年 2 月25日㈰ 施行）

日 本 商 工 会 議 所
各 地 商 工 会 議 所

★　第152回検定以降の試験範囲ではありません。
◆　第152回検定以降、表示が変わります。

第1問（20点）

下記の各取引について仕訳しなさい。ただし、勘定科目は、次の中から最も適当と思われるものを選び、正確に記入すること。

現　　　　　金	当 座 預 金	受 取 手 形	売 　掛 　金	有 価 証 券
前　 払 　金	未 収 入 金	仮 　払 　金	貸 　付 　金	土 　　　地
支 払 手 形	買 　掛 　金	前 　受 　金	未 　払 　金	借 　入 　金
仮 　受 　金	資 　本 　金	売 　　　上	受 取 利 息	有価証券売却益
仕 　　　入	支 払 地 代	支 払 利 息	有価証券売却損	雑 　　　損

1．博多商店から商品 ¥130,000 を仕入れ、代金のうち ¥100,000 は鹿児島商店振出しの約束手形を裏書譲渡し、残額は小切手を振り出して支払った。

2．本日、仙台商店に対する買掛金 ¥500,000 および売掛金 ¥100,000 の決済日につき、仙台商店の承諾を得て両者を相殺処理するとともに、買掛金の超過分 ¥400,000 は小切手を振り出して支払った。

★3．額面総額 ¥500,000 の国債を額面 ¥100 につき ¥98 で購入し、代金は現金で支払った。

4．店舗を建てる目的で購入した土地について建設会社に依頼していた整地作業が完了し、その代金 ¥150,000 を現金で支払った。

5．取引銀行から借り入れていた ¥730,000 の支払期日が到来したため、元利合計を当座預金口座から返済した。なお、借入れにともなう利率は年2％、借入期間は100日間であり、利息は1年を365日として日割計算する。

★**第2問**（10点）

当店（決算年1回、12月末）における次の取引等にもとづいて、資本金勘定と引出金勘定の空欄 ① から ⑤ にあてはまる適切な語句または金額を答案用紙に記入しなさい。

3月15日　店主の事業にかかる所得税 ¥300,000 を普通預金口座から支払った。

6月30日　事業用に使用しているICカードから旅費交通費 ¥4,500 を支払ったが、そのうち ¥2,000 は店主の私用によるものであった。なお、ICカードへの入金額は仮払金勘定を用いて処理している。

10月20日　当期に仕入れた商品 ¥80,000（原価）を店主の家計で消費した。なお、当店では商品売買取引の記帳を3分法により行っている。

12月31日　a　引出金勘定の残高について、決算に必要な処理を行った。
　　　　　　b　当期純利益は ¥850,000 であり、決算振替仕訳を行った。

	資　　本　　金				引　　出　　金		
12/31 （ ① ）（ 　　）	1/ 1 前期繰越 2,500,000			3/15 （ 　　）（ 　　）	12/31 （ 　　）（ 　　）		
〃 次期繰越 （ 　　）	12/31 （ 　　）（ ② ）			6/30 （ 　　）（ ③ ）			
（ 　　）	（ 　　）			10/20 （ ④ ）（ 　　）			
				（ 　　）	（ ⑤ ）		

第3問（30点）

次の資料（A）および（B）にもとづいて、答案用紙の12月末日の残高試算表を作成しなさい。

（A）　平成29年11月30日の残高試算表

残 高 試 算 表

借　　　方	勘 定 科 目	貸　　　方
198,000	現　　　　　金	
856,000	当 座 預 金	
401,000	受 取 手 形	
850,000	売 　 掛 　 金	
73,000	繰 越 商 品	
20,000	前 　 払 　 金	
900,000	備　　　　　品	
	支 払 手 形	380,000
	買 　 掛 　 金	540,000
	前 　 受 　 金	10,000
	所 得 税 預 り 金	6,000
	貸 倒 引 当 金	500
	備品減価償却累計額	567,500
	資 　 本 　 金	1,717,000
	売 　 　 　 上	2,500,000
1,400,000	仕 　 　 　 入	
880,000	給 　 　 　 料	
75,000	支 払 家 賃	
68,000	水 道 光 熱 費	
5,721,000		5,721,000

（B）　平成29年12月中の取引

1日　前期販売分の売掛金 ¥10,000 が貸倒れとなった。

4日　商品 ¥110,000 を仕入れ、代金のうち ¥15,000 は注文時に支払った手付金と相殺し、残額は掛けとした。

7日　所得税の源泉徴収額 ¥6,000 を現金で納付した。

8日　商品 ¥270,000 を売り上げ、代金は ¥100,000 を得意先振出しの約束手形で回収し、注文時に受け取った手付金 ¥8,000 を差し引いた残額は掛けとした。当店負担の発送費 ¥2,000 は現金で支払った。

11日　水道光熱費 ¥7,000 が当座預金口座から引き落とされた。

13日　商品 ¥150,000 の注文を受け、手付金として現金 ¥30,000 を受け取った。

15日　得意先から受け取っていた約束手形 ¥170,000 が支払期日に決済され、当座預金口座への入金が確認された。

18日　当月分の家賃 ¥15,000 が当座預金口座から引き落とされた。

19日　買掛金 ¥190,000 の支払いとして、約束手形を振り出した。

21日　従業員の給料 ¥100,000 について、所得税の源泉徴収額 ¥7,000 を控除した残額を、当座預金口座から支払った。

22日　振り出していた約束手形 ¥200,000 の支払期日が到来し、当座預金口座から支払われた。

25日　売掛金 ¥175,000 を、得意先振出しの小切手で回収した。

27日　備品 ¥300,000 を購入し、代金は来月末に支払うこととした。

29日　商品 ¥90,000 を掛けで仕入れ、当店負担の引取運賃 ¥2,000 は現金で支払った。

第4問（10点）

　熊本商店は、日々の取引を入金伝票、出金伝票および振替伝票に記入し、これを1日分ずつ集計して仕訳日計表を作成している。

　下記に示された熊本商店の12月1日の伝票にもとづき、(1)仕訳日計表を作成しなさい。また、(2)出金伝票No.202および振替伝票No.302が1つの取引を記録したものだとした場合、この取引で仕入れた商品の金額を求めなさい。

入 金 伝 票	No.101
売　上	10,000

入 金 伝 票	No.102
受取手数料	12,000

出 金 伝 票	No.201
仕　入	5,000

出 金 伝 票	No.202
仕　入	8,000

振 替 伝 票	No.301
売掛金(愛知商店)	90,000
売　上	90,000

振 替 伝 票	No.302
仕　入	55,000
買掛金(岐阜商店)	55,000

第5問（30点）

　次の(1)決算整理前残高試算表および(2)決算整理事項等にもとづいて、答案用紙の貸借対照表および損益計算書を完成しなさい。なお、会計期間は平成29年1月1日から12月31日までの1年間である。

(1)　決算整理前残高試算表

借　方	勘 定 科 目	貸　方
315,000	現　　　　　金	
123,000	普 通 預 金	
410,000	受 取 手 形	
350,000	売 　 掛 　 金	
300,000	繰 越 商 品	
1,000,000	建　　　　　物	
450,000	備　　　　　品	
480,000	車 両 運 搬 具	
4,300,000	土　　　　　地	
	買 　 掛 　 金	640,000
	仮 　 受 　 金	180,000
	手 形 借 入 金	300,000
	貸 倒 引 当 金	5,200
	建物減価償却累計額	200,000
	備品減価償却累計額	449,999
	車両運搬具減価償却累計額	80,000
	資 　 本 　 金	5,451,801
	売　　　　　上	4,782,300
	受 取 地 代	520,000
3,955,000	仕　　　　　入	
666,300	給　　　　　料	
80,000	支 払 手 数 料	
75,000	水 道 光 熱 費	
65,000	通 　 信 　 費	
30,000	旅 費 交 通 費	
10,000	支 払 利 息	
12,609,300		12,609,300

(2)　決算整理事項等

1. 12月中に従業員が立替払いした旅費交通費は¥3,000であったが未処理である。なお、当店では従業員が立替払いした旅費交通費を毎月末に未払金として計上したうえで、従業員には翌月に支払っている。
2. 12月末にすべての車両運搬具を¥180,000で売却したが、受け取った代金を仮受金として処理しただけである。そこで、決算にあたり適切に修正する。なお、車両運搬具は定額法（耐用年数6年、残存価額ゼロ）により減価償却を行う。
3. 期末商品の棚卸高は¥315,000であった。
4. 建物については、定額法（耐用年数50年、残存価額ゼロ）により減価償却を行う。
5. 備品については、すでに昨年度において当初予定していた耐用年数をむかえたが、来年度も使用し続ける予定である。そこで、今年度の減価償却は不要であり、決算整理前残高試算表の金額をそのまま貸借対照表へ記載する。
6. 受取手形および売掛金に対して1%の貸倒れを見積もり、差額補充法により貸倒引当金を設定する。
7. 水道光熱費の決算日までの見越額が¥7,000ある。
8. 支払利息のうち、¥2,000を繰り延べる。
9. 決算整理前残高試算表の受取地代は来期1月分を含む13か月分であるため、月割により適切な金額を繰り延べる。

	採 点 欄	
受験番号	第1問	
氏名		
生年月日　　　　　．　　．	第2問	
×　　　（ココヲトジル）　　　×		

第148回簿記検定試験答案用紙

3 級 ①

商 業 簿 記

第1問（20点）

	仕 訳			
	借 方 科 目	金 額	貸 方 科 目	金 額
1				
2				
3				
4				
5				

第2問（10点）

①	②	③	④	⑤

第148回簿記検定試験答案用紙

3 級 ②

商 業 簿 記

第3問（30点）

残 高 試 算 表
平成29年12月31日

借　　方	勘　定　科　目	貸　　方
	現　　　　　　金	
	当　座　預　金	
	受　取　手　形	
	売　　掛　　金	
	繰　越　商　品	
	前　　払　　金	
	備　　　　　品	
	支　払　手　形	
	買　　掛　　金	
	前　　受　　金	
	所　得　税　預　り　金	
	未　　払　　金	
	備品減価償却累計額	
	資　　本　　金	
	売　　　　　上	
	仕　　　　　入	
	発　　送　　費	
	給　　　　　料	
	支　払　家　賃	
	水　道　光　熱　費	
	（　　　　　　　）	

第4問（10点）

(1)

仕 訳 日 計 表
平成29年12月1日

借　　方	勘　定　科　目	貸　　方
	現　　　　　金	
	売　　掛　　金	
	買　　掛　　金	
	売　　　　　上	
	受　取　手　数　料	
	仕　　　　　入	

(2)　出金伝票 No.202 および振替伝票 No.302 で記録された取引において仕入れた商品の金額

¥ （　　　　　　　　　　　）

受験番号

氏名

生年月日　　　　．　．

×　　　（ココヲトジル）　　　×

第148回簿記検定試験答案用紙

3 級 ③

商 業 簿 記

採 点 欄

第5問

第5問（30点）

貸 借 対 照 表
平成29年12月31日　　　　　　　　　　　　　　　　（単位：円）

現　　　金	315,000		買　掛　金		640,000
普 通 預 金	123,000		未　払　金	(	)
受 取 手 形 (	)		借　入　金		300,000
売　掛　金 (	)		(　　)費用	(	)
(　　　　) (△	) (	)	前 受 収 益	(	)
商　　　品	(	)	資　本　金	(	)
(　　)費用	(	)	当 期 純(　　)	(	)
建　　　物 (	)				
減価償却累計額 (△	) (	)			
備　　　品 (	)				
減価償却累計額 (△	) (	)			
土　　　地	4,300,000				
	(	)		(	)

損 益 計 算 書
平成29年1月1日から平成29年12月31日まで　　　　　　（単位：円）

売 上 原 価	(	)	売　上　高		4,782,300
給　　　料	(	)	受 取 地 代	(	)
支 払 手 数 料	80,000				
水 道 光 熱 費	(	)			
通　信　費	65,000				
旅 費 交 通 費	(	)			
減 価 償 却 費	(	)			
貸倒引当金繰入	(	)			
支 払 利 息	(	)			
固定資産(　　)	(	)			
当 期 純(　　)	(	)			
	(	)		(	)

計算用紙

計算用紙

計算用紙

第148回 模範解答

第148回簿記検定試験模範解答
3 級

第1問（20点）　　　　　　　　　　　　　　　　　　　（予想配点：仕訳1組につき4点×5ヶ所）

		仕		訳		
	借　方　科　目	金　額	貸　方　科　目		金　額	
1	仕　　　　　入	130,000	★受　取　手　形		100,000	
			当　座　預　金		30,000	
2	買　　掛　　金	500,000	売　　掛　　金		100,000	
			当　座　預　金		400,000	
★ 3	有　価　証　券	490,000	現　　　　　金		490,000	
4	土　　　　　地	150,000	現　　　　　金		150,000	
5	借　　入　　金	730,000	当　座　預　金		734,000	
	支　払　利　息	4,000				

★第2問（10点）　　　　　　　　　　　　　　　　　　　　（予想配点：各2点×5ヶ所）

①	②	③	④	⑤
引出金	850,000	2,000	仕入	382,000

第3問（30点）　　　　　　　　　　　　　　　　　　（予想配点：[ ]につき3点×10ヶ所）

残 高 試 算 表
平成29年12月31日

借 方	勘 定 科 目	貸 方
393,000	現　　　　　　　　金	
711,000	当　座　預　金	
331,000	受　取　手　形	
827,000	売　　掛　　金	
73,000	繰　越　商　品	
5,000	前　　払　　金	
1,200,000	備　　　　　　品	
	支　払　手　形	370,000
	買　　掛　　金	535,000
	前　　受　　金	32,000
	所　得　税　預　り　金	7,000
	未　　払　　金	300,000
	備 品 減 価 償 却 累 計 額	567,500
	資　　本　　金	1,717,000
	売　　　　　　上	2,770,000
1,602,000	仕　　　　　　入	
2,000	発　　送　　費	
980,000	給　　　　　　料	
90,000	支　払　家　賃	
75,000	水　道　光　熱　費	
9,500	（貸　倒　損　失）	
6,298,500		6,298,500

第4問（10点）　　　　　　　　　　　　　　　　　　（予想配点：[ ]につき2点×5ヶ所）

(1)
仕 訳 日 計 表
平成29年12月1日

借 方	勘 定 科 目	貸 方
22,000	現　　　　金	13,000
90,000	売　掛　金	
	買　掛　金	55,000
	売　　　上	100,000
	受　取　手　数　料	12,000
68,000	仕　　　入	
180,000		180,000

(2)　出金伝票№202および振替伝票№302で記録
　　された取引において仕入れた商品の金額

　　　¥（　63,000　）

第5問 （30点）   （予想配点：　　　　につき3点×10ヶ所）

貸 借 対 照 表
平成29年12月31日 （単位：円）

現　　　　　金		315,000	買　掛　金		640,000	
普　通　預　金		123,000	未　払　金		（ 3,000 ）	
受　取　手　形	（ 410,000 ）		借　入　金		300,000	
売　掛　金	（ 350,000 ）		（未払）費用		（ 7,000 ）	
（貸倒引当金）	（△ 7,600 ）	（ 752,400 ）	前　受　収　益		（ 40,000 ）	
商　　　　　品		（ 315,000 ）	資　本　金		（ 5,451,801 ）	
（前払）費用		（ 2,000 ）	当期純（利益）		（ 145,600 ） ◆	
建　　　　　物	（ 1,000,000 ）					
減価償却累計額	（△ 220,000 ）	（ 780,000 ）				
備　　　　　品	（ 450,000 ）					
減価償却累計額	（△ 449,999 ）	（ 1 ）				
土　　　　　地		4,300,000				
		（ 6,587,401 ）			（ 6,587,401 ）	

損 益 計 算 書
平成29年1月1日から平成29年12月31日まで （単位：円）

売　上　原　価	（ 3,940,000 ）	売　上　高		4,782,300
給　　　　料	（ 666,300 ）	受　取　地　代		（ 480,000 ）
支　払　手　数　料	80,000			
水　道　光　熱　費	（ 82,000 ）			
通　信　費	65,000			
旅　費　交　通　費	（ 33,000 ）			
減　価　償　却　費	（ 100,000 ）			
貸倒引当金繰入	（ 2,400 ）			
支　払　利　息	（ 8,000 ）			
固定資産（売却損）	（ 140,000 ）			
当期純（利益）	（ 145,600 ）			
	（ 5,262,300 ）			（ 5,262,300 ）

第1問 ⇒ 仕訳問題

1 商品の仕入

商品の仕入代金の支払いについて他店振出の約束手形を裏書譲渡した場合には、当該約束手形の受け取り時に受取手形勘定で処理しているため、受取手形を減少させる。また、残額については小切手を振り出して支払っているため、当座預金の減少として処理する。

(借) 仕 入 130,000 (貸) 受 取 手 形 100,000
(〃) 当 座 預 金 30,000

※ 当座預金：￥130,000（仕入金額）－￥100,000（手形の裏書譲渡額）＝￥30,000

(注) 第152回の検定より、手形の裏書譲渡が試験から削除されます。

2 掛代金の受取りと支払い

同一の商店に対して債権と債務が存在しており、本問では差額を小切手を振り出して支払っているため、債権と債務の総額を相殺し、差額は当座預金の減少として処理する。

(借) 買 掛 金 500,000 (貸) 売 掛 金 100,000
(〃) 当 座 預 金 400,000

※ 当座預金：￥500,000（買掛金）－￥100,000（売掛金）＝￥400,000

★3 有価証券の購入

国債を購入した場合には、有価証券として処理する。

(借) 有 価 証 券 490,000 (貸) 現 金 490,000

※ 有価証券：￥500,000（額面総額）×￥98（購入金額）/￥100（額面金額）＝￥490,000

(注) 第152回の検定より、有価証券に関する処理が試験から削除されます。

4 整地作業料の支払い

整地を行うことにより、土地の価値が増加するため、整地に係る諸費用は土地として処理する。

(借) 土 地 150,000 (貸) 現 金 150,000

5 借入金の返済

借入金の返済と同時に利息の支払いも行っているため、利息について日割計算により利息の金額を計算する。

(借) 借 入 金 730,000 (貸) 当 座 預 金 734,000
(〃) 支 払 利 息 4,000

※ 支払利息：￥730,000（借入金額）× 2 ％×100日（借入期間）/365日 ＝￥4,000
※ 当座預金：￥730,000（借入金額）＋￥4,000（利息）＝￥734,000

★第2問 ⇒ 資本金勘定と引出金勘定の推定

引出金勘定を資本金勘定の評価勘定として用いている場合には、期中においては引出金勘定で処理し、決算において資本金勘定へ振り替える。本問での仕訳は下記のようになり、勘定記入の法則により勘定を推定することで解答を導き出せる。

≪仕訳≫

3月15日

（借）引　　　出　　　金	300,000	（貸）普　通　預　金	300,000

6月30日

（借）引　　　出　　　金	2,000	（貸）仮　　払　　金	4,500
（〃）旅　費　交　通　費	2,500		

※　旅費交通費：¥4,500（支払額）－¥2,000（私用による使用額）＝¥2,500

10月20日

（借）引　　　出　　　金	80,000	（貸）仕　　　　　　入	80,000

12月31日

（借）資　　　本　　　金	382,000	（貸）引　　　出　　　金	382,000

※　¥300,000（所得税の支払額）＋¥2,000（旅費交通費の支払額）＋¥80,000（自家消費）＝¥382,000

（借）損　　　　　　益	850,000	（貸）資　　　本　　　金	850,000

≪勘定記入≫　解答箇所を**ゴシック**としている。

資　　本　　金

12/31	**引　出　金**	382,000	1/1	前　期　繰　越	2,500,000
〃	次　期　繰　越	2,968,000	12/31	損　　　　益	**850,000**
		3,350,000			3,350,000

引　　出　　金

3/15	普　通　預　金	300,000	12/31	資　本　金	382,000
6/30	仮　払　金	**2,000**			
10/20	**仕　　　入**	80,000			
		382,000			**382,000**

（注）　第152回の検定より、株式会社を前提とした出題に変わるため、個人が使用した経費について資本金又は引出金として処理する取扱いがなくなります。

第3問 ⇒ 残高試算表

平成29年12月中の仕訳を示す。

1日

（借）貸　倒　引　当　金	500	（貸）売　　掛　　金	10,000
（〃）貸　倒　損　失	9,500		

4日

（借）仕　　　　　　入	110,000	（貸）前　　払　　金	15,000
		（〃）買　　掛　　金	95,000

7日

（借）所　得　税　預　り　金	6,000	（貸）現　　　　　金	6,000

8日

（借）受　　取　　手　　形	100,000	（貸）売　　　　　上	270,000
（〃）前　　受　　金	8,000		
（〃）売　　掛　　金	162,000		
（借）発　　送　　費	2,000	（貸）現　　　　　金	2,000

11日

（借）水　道　光　熱　費	7,000	（貸）当　座　預　金	7,000

13日

（借）現　　　　　　金	30,000	（貸）前　　受　　金	30,000

15日	（借）当 座 預 金	170,000	（貸）受 取 手 形	170,000
18日	（借）支 払 家 賃	15,000	（貸）当 座 預 金	15,000
19日	（借）買 掛 金	190,000	（貸）支 払 手 形	190,000
21日	（借）給 料	100,000	（貸）所 得 税 預 り 金	7,000
			（〃）当 座 預 金	93,000
22日	（借）支 払 手 形	200,000	（貸）当 座 預 金	200,000
25日	（借）現 金	175,000	（貸）売 掛 金	175,000
27日	（借）備 品	300,000	（貸）未 払 金	300,000
29日	（借）仕 入	92,000	（貸）買 掛 金	90,000
			（〃）現 金	2,000

第4問 ⇒ 伝票会計

伝票とは、日々の取引を記録する紙片であり、仕訳帳の代わりに用いられる。

仕訳日計表とは、1日分の伝票を集計する合計試算表の1種である。伝票の各勘定の金額を仕訳日計表に集計し、仕訳日計表から総勘定元帳に合計転記を行うことにより、転記の効率化を図ることができる。

（1） 仕訳日計表の作成

① 入金伝票

入金伝票とは、借方に現金が生じる場合に用いられる伝票のことをいう。そのため、伝票に記入される勘定科目は、貸方科目を意味する。

101	（借）現 金	10,000	（貸）売 上	10,000
102	（借）現 金	12,000	（貸）受 取 手 数 料	12,000

② 出金伝票

出金伝票とは、貸方に現金が生じる場合に用いられる伝票のことをいう。そのため、伝票に記入される勘定科目は、借方科目を意味する。

201	（借）仕 入	5,000	（貸）現 金	5,000
202	（借）仕 入	8,000	（貸）現 金	8,000

③ 振替伝票

振替伝票とは、入金伝票および出金伝票に記載されない取引を記載する伝票である。

301	（借）売 掛 金	90,000	（貸）売 上	90,000
302	（借）仕 入	55,000	（貸）買 掛 金	55,000

（2） 出金伝票No.202および振替伝票No.302で記録された取引において仕入れた商品の金額

¥8,000（No.202）+ ¥55,000（No.302）= ¥63,000

第5問 ⇒ 財務諸表の作成

決算整理仕訳は以下のとおりである。

1 旅費交通費の計上

従業員が立替払いしている旅費交通費は、当期の費用であるため旅費交通費として費用計上し、問題文の指示より未払金として処理する。

（借）旅 費 交 通 費 3,000 （貸）未 払 金 3,000

▼ 旅費交通費：¥30,000（T／B旅費交通費）+ ¥3,000 = ¥33,000

2 車両運搬具の売却

車両運搬具の売却は、売却時の簿価（取得原価－減価償却累計額）と売却金額との差額を固定資産売却損又は益として処理する。なお、12月に売却しているため、当期の減価償却費の計上を忘れないように注意する。

（借）仮 受 金	180,000	（貸）車 両 運 搬 具	480,000
（〃）車両運搬具減価償却累計額	80,000		
（〃）減 価 償 却 費	80,000		
（〃）固 定 資 産 売 却 損	140,000		

※ 減価償却費：¥480,000（T／B車両運搬具）÷ 6 年（耐用年数）＝¥80,000
※ 固定資産売却損：¥480,000（T／B車両運搬具）－¥80,000（T／B車両運搬具減価償却累計額）
　　　　　　　　　　 －¥80,000（減価償却費）－¥180,000（売却金額）＝¥140,000

3 売上原価の算定

売上原価は、期首商品棚卸高に当期商品仕入高を加算し、期末商品棚卸高を差し引くことにより算出される。計算の便宜上売上原価勘定で売上原価の算定を行う。

（借）売 上 原 価	300,000	（貸）繰 越 商 品	300,000
（借）売 上 原 価	3,955,000	（貸）仕 入	3,955,000
（借）繰 越 商 品	315,000	（貸）売 上 原 価	315,000

▼ 売上原価：¥300,000（T／B繰越商品）＋¥3,955,000（T／B仕入）－¥315,000（期末商品棚卸高）＝¥3,940,000

4 減価償却

（借）減 価 償 却 費	20,000	（貸）建物減価償却累計額	20,000

※ 建物減価償却累計額：¥1,000,000（T／B建物）÷50年（耐用年数）＝¥20,000
▼ 建物減価償却累計額：¥200,000（T／B建物減価償却累計額）＋¥20,000＝¥220,000
▼ 減価償却費：¥20,000＋¥80,000（上記 2 ）＝¥100,000

5 貸倒引当金の設定

（借）貸 倒 引 当 金 繰 入	2,400	（貸）貸 倒 引 当 金	2,400

※ 貸倒引当金繰入：｛¥410,000（T／B受取手形）＋¥350,000（T／B売掛金）｝
　　　　　　　　　　 ×１％－¥5,200（T／B貸倒引当金）＝¥2,400
▼ 貸倒引当金：¥5,200（T／B貸倒引当金）＋¥2,400＝¥7,600

6 水道光熱費の見越し

（借）水 道 光 熱 費	7,000	（貸）未 払 水 道 光 熱 費	7,000

▼ 水道光熱費：¥75,000（T／B水道光熱費）＋¥7,000＝¥82,000
※ 未払水道光熱費は貸借対照表上、未払費用で表示する。

7 利息の繰り延べ

（借）前 払 支 払 利 息	2,000	（貸）支 払 利 息	2,000

▼ 支払利息：¥10,000（T／B支払利息）－¥2,000＝¥8,000
※ 前払支払利息は貸借対照表上、前払費用で表示する。

8 受取地代の繰り延べ

（借）受 取 地 代	40,000	（貸）前 受 受 取 地 代	40,000

※ 前受受取地代：¥520,000（T／B受取地代）÷13か月＝¥40,000
▼ 受取地代：¥520,000（T／B受取地代）－¥40,000＝¥480,000
※ 前受受取地代は貸借対照表上、前受収益で表示する。

> （注） 第152回の検定より株式会社を前提とした出題に変更されます。株式会社においては、利益と資本を区別する観点から、当期純利益または損失は繰越利益剰余金勘定で処理されるため、貸借対照表での表示に注意が必要となります。

平成 29 年度

第 147 回 簿記検定試験

3　級

（午前 9 時開始　制限時間　2 時間）

（平成29年11月19日㈰ 施行）

日 本 商 工 会 議 所
各 地 商 工 会 議 所

★　第152回検定以降の試験範囲ではありません。
◆　第152回検定以降、表示が変わります。

第1問（20点）

　下記の各取引について仕訳しなさい。ただし、勘定科目は、次の中から最も適当と思われるものを選び、正確に記入すること。

現　　　　金	現 金 過 不 足	当 座 預 金	売　掛　金	有 価 証 券
立　替　金	前　払　金	未 収 入 金	未 収 利 息	備　　　品
買　掛　金	前　受　金	未 払 利 息	所得税預り金	資　本　金
売　　　上	有価証券売却益	受 取 手 数 料	受 取 利 息	雑　　益
旅 費 交 通 費	発　送　費	租 税 公 課	有価証券売却損	雑　　損

1．決算日において、過日借方に計上していた現金過不足 ¥20,000 の原因を改めて調査した結果、旅費交通費 ¥30,000、受取手数料 ¥18,000 の記入漏れが判明した。残額は原因が不明であったので、雑益または雑損として処理する。

2．店舗にかかる固定資産税 ¥368,000 と、店主の所得税 ¥222,000 を現金で納付した。

3．得意先北海道商店に商品 ¥428,000 を売り上げ、代金については注文時に同店から受け取った手付金 ¥40,000 と相殺し、残額を掛けとした。なお、当店負担の発送費 ¥5,000 は現金で支払った。

4．前期の決算において未収利息 ¥36,000 を計上していたので、本日（当期首）、再振替仕訳を行った。

★5．当期に買い入れた株式会社日商の株式 2,000 株（取得原価 ¥1,540,000）のすべてを 1 株 ¥780 で売却し、代金は後日受け取ることとした。

第2問（10点）

　次の10月におけるA商品に関する［資料］にもとづいて、下記の**問**に答えなさい。

［資料］

10月 1日	前月繰越	80 個	@ ¥210
8日	仕　　入	200 個	@ ¥217
15日	売　　上	230 個	@ ¥320
22日	仕　　入	250 個	@ ¥221
29日	売　　上	240 個	@ ¥330
★31日	売上値引	29日に売り上げた商品のうち 10 個につき 1 個当たり ¥10 の値引きを行った。	

問　(1)　10月におけるA商品の商品有高帳を作成しなさい。払出単価の決定方法は移動平均法を採用し、摘要欄には上記［資料］の語句を記入すること。

　　　(2)　10月におけるA商品の純売上高、売上原価および売上総利益を答えなさい。

第3問（30点）

答案用紙の平成29年6月30日の残高試算表と次の［平成29年7月中の取引］にもとづいて、答案用紙の平成29年7月31日の残高試算表を完成しなさい。なお、ICカードへのチャージ（入金）を行ったさいには仮払金勘定で処理し、使用時に適切な費用の勘定へ振り替えている。また、次の取引は重複して記載されているため、注意すること。

重複取引：(1) a と (4) a、(1) e と (2) a、(1) f と (3) a、(2) c と (6) b

［平成29年7月中の取引］

(1)　現金に関する事項
  a．売上代金の受取り　　　　　¥　1,146,000
  b．収入印紙の購入（使用済み）¥　　　3,000
  c．商品発送費（顧客負担）の支
    払い　　　　　　　　　　　¥　　　2,000
  d．事務書類郵送代金の支払い　¥　　　1,000
  e．普通預金口座への預入れ　　¥　1,180,000
  f．ICカードへのチャージ　　¥　　 32,000

(2)　普通預金に関する事項
  a．現金からの預入れ　　　　　¥　1,180,000
  b．掛代金の回収　　　　　　　¥　　 50,000
  c．銀行からの借入れ（利息控除　¥　1,196,000
    後）
  d．掛代金の支払い　　　　　　¥　　773,000
  e．備品の取得　　　　　　　　¥　　350,000
  f．給料の支払い　　　　　　　¥　　155,000
    　（所得税の源泉徴収額 ¥ 9,000 控除後）
  g．所得税の源泉徴収額の支払い ¥　　 45,000
  h．諸費用の支払い
    電 話 料 金　　　　　　　¥　　 10,000
    水 道 光 熱 費　　　　　　¥　　 15,000
  i．当座預金口座への振替え　　¥　　120,000

(3)　ICカードに関する事項
  a．現金からのチャージ　　　　¥　　 32,000
  b．電車での移動による使用　　¥　　 18,000
  c．消耗品の購入による使用　　¥　　 10,000

(4)　売上げに関する事項
  a．現金売上げ　　　　　　　　¥　1,146,000
  b．掛売上げ　　　　　　　　　¥　　 60,000

(5)　仕入れに関する事項
  a．約束手形の振出しによる仕入　¥　　 60,000
    れ
  b．掛仕入れ　　　　　　　　　¥　　910,000
  c．掛仕入れ戻し　　　　　　　¥　　　6,000

(6)　その他の事項
  a．約束手形 ¥ 100,000 の決済により、同額が
    当座預金口座から引き落とされた。
  b．7月26日に銀行より利率年4％、毎月25日に
    ¥ 100,000 の元本返済と翌1か月分の利息を支
    払う条件（元金均等返済）で ¥ 1,200,000 を
    借り入れた。なお、最初の1か月分の利息（月
    割計算）は、借入時に差し引かれている。
  c．消耗品を購入し、品物とともに8月末を支払
    期限とする ¥ 15,000 の請求書を受け取った。

第4問（10点）

　当店（当期は平成28年1月1日から12月31日まで）における手数料の支払いが生じた取引および決算整理事項にもとづいて、答案用紙の支払手数料勘定と前払手数料勘定に必要な記入をして締め切りなさい。なお、勘定記入にあたっては、日付、摘要および金額を（　　）内に取引日順に記入すること。ただし、摘要欄に記入する語句は［語群］から最も適当と思われるものを選び、正確に記入すること。

　4月11日　未払金 ¥70,000 を普通預金口座から支払った。そのさいに、振込手数料 ¥300 が同口座から差し引かれた。

　7月26日　倉庫の建設に供するための土地 ¥1,200,000 を購入し、代金は小切手を振り出して支払った。なお、仲介手数料 ¥15,000 は不動産会社に現金で支払った。

　12月1日　向こう3か月分の調査手数料 ¥60,000（1か月当たり ¥20,000）を現金で支払い、その全額を支払手数料勘定で処理した。

　12月31日　12月1日に支払った手数料のうち前払分を月割で繰り延べた。

［語群］

| 現　　　　金 | 普　通　預　金 | 当　座　預　金 | 前　払　手　数　料 | 土　　　　地 |
| 未　払　金 | 支　払　手　数　料 | 諸　　　　口 | 次　期　繰　越 | 損　　　　益 |

第5問（30点）

　次の［決算整理事項等］にもとづいて、答案用紙の精算表を完成しなさい。なお、会計期間は1月1日から12月31日までの1年間である。

［決算整理事項等］

1．普通預金口座から買掛金 ¥38,000 を支払ったが、この取引の記帳がまだ行われていない。

2．仮払金は、従業員の出張にともなう旅費交通費の概算額を支払ったものである。従業員はすでに出張から戻り、実際の旅費交通費 ¥17,000 を差し引いた残額は普通預金口座に預け入れたが、この取引の記帳がまだ行われていない。

3．売掛金の代金 ¥20,000 を現金で受け取ったさいに以下の仕訳を行っていたことが判明したので、適切に修正する。
　　（借方）　現　金　20,000　　　（貸方）　前受金　20,000

4．売掛金の期末残高に対して2％の貸倒引当金を差額補充法により設定する。

5．期末商品棚卸高は ¥189,000 である。売上原価は「仕入」の行で計算する。

6．建物および備品について定額法で減価償却を行う。
　　建物：残存価額ゼロ　耐用年数30年
　　備品：残存価額ゼロ　耐用年数4年

7．保険料のうち ¥60,000 は9月1日に向こう1年分を支払ったものであり、未経過分を月割で繰り延べる。

8．11月1日に、11月から翌年1月までの3か月分の家賃 ¥45,000 を受け取り、その全額を受取家賃として処理した。したがって、前受分を月割で繰り延べる。

9．給料の未払分が ¥37,000 ある。

受験番号

氏名

生年月日　　　　　.　　.

×　　　　（ココヲトジル）　　　　×

第147回簿記検定試験答案用紙

3 級 ①

商 業 簿 記

採 点 欄
第1問
第2問

第1問（20点）

	仕		訳	
	借 方 科 目	金 額	貸 方 科 目	金 額
1				
2				
3				
4				
5				

第2問（10点）

(1)

商 品 有 高 帳
A 商 品

平成29年		摘　要	受　入			払　出			残　高		
			数量	単価	金額	数量	単価	金額	数量	単価	金額
10	1	前 月 繰 越									
	8	仕　　　入									
	31	次 月 繰 越									

(2)

純 売 上 高	売 上 原 価	売 上 総 利 益
¥	¥	¥

受験番号

氏名

生年月日　　　　　　．　　．

×　　　（ココヲトジル）　　×

第147回簿記検定試験答案用紙

3 級 ②

商 業 簿 記

	採 点 欄
第3問	
第4問	

第3問（30点）

残 高 試 算 表

借 方		勘 定 科 目	貸 方	
7月31日	6月30日		6月30日	7月31日
	360,000	現　　　　金		
	620,000	普 通 預 金		
	50,000	当 座 預 金		
	50,000	売 　 掛 　 金		
270,000	270,000	繰 越 商 品		
	8,000	仮 　 払 　 金		
1,320,000	1,320,000	建　　　　物		
	620,000	備　　　　品		
2,200,000	2,200,000	土　　　　地		
		支 払 手 形	100,000	
		買 　 掛 　 金	830,000	
		未 　 払 　 金	—	
		所 得 税 預 り 金	45,000	
		借 　 入 　 金	—	
		資 　 本 　 金	4,520,000	4,520,000
		売　　　　上	5,980,000	
	4,570,000	仕　　　　入		
455,000	455,000	支 払 手 数 料		
	800,000	給　　　　料		
	50,000	水 道 光 熱 費		
	30,000	通 　 信 　 費		
	42,000	旅 費 交 通 費		
	20,000	消 耗 品 費		
	10,000	租 税 公 課		
	—	支 払 利 息		
	11,475,000		11,475,000	

第4問（10点）

支 払 手 数 料

( )	( )	( )	12/31	( )	( )
( )	( )	( )	〃	( )	( )
	( )			( )	

前 払 手 数 料

12/31	( )	( )	12/31	( )	( )

受験番号 _____

氏名 _____

生年月日 ・・ _____

× （ココサトジル） ×

採 点 欄	
第5問	

第147回簿記検定試験答案用紙

3 級 ③

商 業 簿 記

第5問 （30点）

精 算 表

勘 定 科 目	残高試算表		修 正 記 入		損益計算書		貸借対照表	
	借 方	貸 方	借 方	貸 方	借 方	貸 方	借 方	貸 方
現 金	89,000							
普 通 預 金	369,000							
売 掛 金	270,000							
仮 払 金	30,000							
繰 越 商 品	226,000							
建 物	870,000							
備 品	360,000							
土 地	900,000							
買 掛 金		198,000						
前 受 金		68,000						
貸 倒 引 当 金		3,000						
建物減価償却累計額		522,000						
備品減価償却累計額		180,000						
資 本 金		1,234,000						
売 上		4,890,000						
受 取 家 賃		45,000						
仕 入	2,560,000							
給 料	1,300,000							
通 信 費	39,000							
旅 費 交 通 費	27,000							
保 険 料	100,000							
	7,140,000	7,140,000						
貸倒引当金繰入								
減 価 償 却 費								
（ ）保険料								
前 受 家 賃								
未 払 給 料								
当期純（ ）								

計算用紙

計算用紙

計算用紙

第 147 回 模 範 解 答

第147回簿記検定試験模範解答

3 級

第1問（20点）　　　　　　　　　　　　　　　　　　　　　（予想配点：仕訳1組につき4点×5ヶ所）

	仕			訳	
	借　方　科　目	金　額	貸　方　科　目	金　額
1	旅　費　交　通　費 雑　　　　　　　損	30,000 8,000	受　取　手　数　料 現　金　過　不　足	18,000 20,000
2	租　税　公　課 ★資　　　本　　　金	368,000 222,000	現　　　　　　　　金	590,000
3	前　　受　　金 売　　掛　　金 発　　送　　費	40,000 388,000 5,000	売　　　　　　　上 現　　　　　　　金	428,000 5,000
4	受　取　利　息	36,000	未　収　利　息	36,000
★ 5	未　収　入　金	1,560,000	有　価　証　券 有価証券売却益	1,540,000 20,000

第2問（10点）　　　　　　　　　　　　　　　　　　　　　（予想配点：▨につき2点×5ヶ所）

(1)

商 品 有 高 帳
A 商 品

平成29年		摘　要	受　入			払　出			残　高		
			数量	単価	金額	数量	単価	金額	数量	単価	金額
10	1	前月繰越	80	210	16,800				80	210	16,800
	8	仕　入	200	217	43,400				280	215	60,200
	15	売　上				230	215	49,450	50	215	10,750
	22	仕　入	250	221	55,250				300	220	66,000
	29	売　上				240	220	52,800	60	220	13,200
	31	次月繰越				60	220	13,200			
			530		115,450	530		115,450			

(2)

★ 純売上高	売上原価	★ 売上総利益
￥　　152,700	￥　　102,250	￥　　50,450

第3問 （30点）　　　　　　　　　　　　　　　　　　　　　（予想配点：░░░░ につき2点×15ヶ所）

残 高 試 算 表

借　　方		勘 定 科 目	貸　　方	
7月31日	6月30日		6月30日	7月31日
288,000	360,000	現　　　　　金		
1,578,000	620,000	普 通 預 金		
70,000	50,000	当 座 預 金		
62,000	50,000	売 掛 金		
270,000	270,000	繰 越 商 品		
12,000	8,000	仮 払 金		
1,320,000	1,320,000	建　　　　　物		
970,000	620,000	備　　　　　品		
2,200,000	2,200,000	土　　　　　地		
		支 払 手 形	100,000	60,000
		買 掛 金	830,000	961,000
		未 払 金	—	15,000
		所 得 税 預 り 金	45,000	9,000
		借 入 金	—	1,200,000
		資 本 金	4,520,000	4,520,000
		売　　　　　上	5,980,000	7,186,000
5,534,000	4,570,000	仕　　　　　入		
455,000	455,000	支 払 手 数 料		
964,000	800,000	給　　　　　料		
65,000	50,000	水 道 光 熱 費		
41,000	30,000	通 信 費		
60,000	42,000	旅 費 交 通 費		
45,000	20,000	消 耗 品 費		
13,000	10,000	租 税 公 課		
4,000	—	支 払 利 息		
13,951,000	11,475,000		11,475,000	13,951,000

第4問 （10点）　　　　　　　　　　　　　　　　　　　　　（予想配点：░░░░ につき2点×5ヶ所）

支 払 手 数 料

（ 4/11 ）	（ 普 通 預 金 ）	（ 300 ）	12/31	（ 前 払 手 数 料 ）	（ 40,000 ）
（ 12/1 ）	（ 現　　　　金 ）	（ 60,000 ）	〃	（ 損　　　　益 ）	（ 20,300 ）
		（ 60,300 ）			（ 60,300 ）

前 払 手 数 料

12/31	（ 支 払 手 数 料 ）	（ 40,000 ）	12/31	（ 次 期 繰 越 ）	（ 40,000 ）

第5問 (30点)   (予想配点：□□□ につき3点×10ヶ所)

精 算 表

勘 定 科 目	残高試算表 借方	残高試算表 貸方	修正記入 借方	修正記入 貸方	損益計算書 借方	損益計算書 貸方	貸借対照表 借方	貸借対照表 貸方
現　　　　　金	89,000						89,000	
普 通 預 金	369,000		13,000	38,000			344,000	
売 　 掛 　 金	270,000			20,000			250,000	
仮 　 払 　 金	30,000			30,000				
繰 越 商 品	226,000		189,000	226,000			189,000	
建　　　　　物	870,000						870,000	
備　　　　　品	360,000						360,000	
土　　　　　地	900,000						900,000	
買 　 掛 　 金		198,000	38,000					160,000
前 　 受 　 金		68,000	20,000					48,000
貸 倒 引 当 金		3,000		2,000				5,000
建物減価償却累計額		522,000		29,000				551,000
備品減価償却累計額		180,000		90,000				270,000
資 　 本 　 金		1,234,000						1,234,000
売　　　　　上		4,890,000				4,890,000		
受 取 家 賃		45,000	15,000			30,000		
仕　　　　　入	2,560,000		226,000	189,000	2,597,000			
給　　　　　料	1,300,000		37,000		1,337,000			
通 　 信 　 費	39,000				39,000			
旅 費 交 通 費	27,000		17,000		44,000			
保 　 険 　 料	100,000			40,000	60,000			
	7,140,000	7,140,000						
貸倒引当金繰入			2,000		2,000			
減 価 償 却 費			119,000		119,000			
（前 払）保 険 料			40,000				40,000	
前 受 家 賃				15,000				15,000
未 払 給 料				37,000				37,000
当期純（利　　益）					722,000			722,000
			716,000	716,000	4,920,000	4,920,000	3,042,000	3,042,000

第1問 ⇒ 仕訳問題

1 現金過不足

(1) 現金過不足の発生

現金過不足が生じた場合には、帳簿残高を実地有高に修正するとともに、過不足額を現金過不足に振り替える。

(借)現 金 過 不 足	20,000	(貸)現 金	20,000

(2) 原因の判明 (**解答**)

原因が判明した場合には、現金過不足から適正な勘定科目に振り替える。なお、原因が不明である場合には、雑益または雑損に振り替える。

(借)旅 費 交 通 費	30,000	(貸)受 取 手 数 料	18,000
(〃)雑 損	8,000	(〃)現 金 過 不 足	20,000

※ 雑損(雑益):¥20,000(現金不足)−{¥30,000(旅費交通費)−¥18,000(受取手数料)}=¥8,000(雑損)

2 固定資産税及び所得税の納付

店舗に係る固定資産税を納付した場合には租税公課により処理し、店主に係る所得税は店主個人が負担すべき費用であるため、資本金の減少又は引出金にて処理する。なお、勘定科目群に引出金がないため、本問の場合資本金の減少として処理する。

(借)租 税 公 課	368,000	(貸)現 金	590,000
(〃)資 本 金	222,000		

(注) 第152回の検定より、株式会社を前提とした出題に変更されるため、店主の所得税の納付について資本金又は引出金として処理する取扱いがなくなります。

3 商品の売上

商品の注文時に手付金を受けとった場合には、商品の販売時に充当し、問題の指示より残額は売掛金として計上する。なお、商品販売時に支払った発送費については、販売に係る費用となるため、発送費として計上する。

(借)前 受 金	40,000	(貸)売 上	428,000
(〃)売 掛 金	388,000		
(借)発 送 費	5,000	(貸)現 金	5,000

4 未収利息の再振替仕訳

(1) 前期の決算

当期に受け取る利息のうち、前期に発生している利息は、前期の決算において未収利息として計上する。

(借)未 収 利 息	36,000	(貸)受 取 利 息	36,000

(2) 当期首の再振替仕訳 (**解答**)

当期に受け取る利息のうち、前期に発生している利息は上記(1)にて受取利息として既に計上されていることから、当期の損益計算から控除するため、受取利息を減額する。

(借)受 取 利 息	36,000	(貸)未 収 利 息	36,000

★5 株式の売却

(1) 株式の購入

株式を購入した場合には、有価証券に計上する。

(借) 有 価 証 券 1,540,000 (貸) 未 払 金 等 1,540,000

★(2) 株式の売却 (**解答**)

株式を売却した場合には、売却価格と売却原価との差額を有価証券売却損 (益) として計上する。

(借) 未 収 入 金 1,560,000 (貸) 有 価 証 券 1,540,000

(〃) 有 価 証 券 売 却 益 20,000

※1 未収入金：2,000株(売却株数)×¥780(売却単価) = ¥1,560,000
※2 有価証券売却益：¥1,560,000(未入収金、上記※1) - ¥1,540,000(売却原価) = ¥20,000

> (注) 第152回の検定より有価証券に関する処理が試験から削除されます。

第2問 ⇒ 商品有高帳

1 商品有高帳の作成

払出単価の決定方法は移動平均法を採用しているため、仕入の都度、平均単価の算定を行う。なお、31日の売上値引は利益の修正であるため、商品有高帳には記録されないことに注意すること。

(1) 10月8日

① 数量：80個(前月繰越)+200個(8日仕入) = 280個

② 金額：¥16,800(前月繰越)+¥43,400(8日仕入) = ¥60,200

③ 単価：¥60,200(上記②)÷280個(上記①) = @¥215

(2) 10月22日

① 数量：50個(15日残高)+250個(22日仕入) = 300個

② 金額：¥10,750(15日残高)+¥55,250(22日仕入) = ¥66,000

③ 単価：¥66,000(上記②)÷300個(上記①) = @¥220

2 純売上高、売上原価および売上総利益の算定

(1) 純売上高

15日および29日の総売上高から31日の売上値引を控除し、純売上高を算定する。

230個×@¥320(15日売上)+240個×@¥330(29日売上) - 10個×@¥10(31日売上値引) = ¥152,700

(2) 売上原価

商品有高帳の払出欄を合計し、売上原価を算定する。

¥49,450(15日売上)+¥52,800(29日売上) = ¥102,250

(3) 売上総利益

純売上高から売上原価を控除し、売上総利益を算定する。

¥152,700(純売上高、上記(1)) - ¥102,250(売上原価、上記(2)) = ¥50,450

> (注) 第152回の検定より、売上値引きが削除されますが、本問での商品有高帳の作成においては解答上影響がありません。ただし、売上の金額及び売上総利益については、影響が生じるため注意が必要となります。

第3問 ⇒ 残高試算表

平成29年7月中の取引に係る仕訳は以下のとおりである。なお、ゴシック字については、重複取引を示す。

1 現金に関する事項

		借方		貸方	
a	（借）現　　　　金	1,146,000	（貸）売　　　　上	1,146,000
b	（借）租　税　公　課	3,000	（貸）現　　　　金	3,000
c	（借）売　　掛　　金	2,000	（貸）現　　　　金	2,000
d	（借）通　　信　　費	1,000	（貸）現　　　　金	1,000
e	（借）普　通　預　金	1,180,000	（貸）現　　　　金	1,180,000
f	（借）仮　　払　　金	32,000	（貸）現　　　　金	32,000

2 普通預金に関する事項

		借方		貸方	
a	（借）普　通　預　金	1,180,000	（貸）現　　　　金	1,180,000
b	（借）普　通　預　金	50,000	（貸）売　　掛　　金	50,000
c	（借）普　通　預　金	1,196,000	（貸）借　　入　　金	1,200,000
	（〃）支　払　利　息	4,000		
d	（借）買　　掛　　金	773,000	（貸）普　通　預　金	773,000
e	（借）備　　　　品	350,000	（貸）普　通　預　金	350,000
f	（借）給　　　　料	164,000	（貸）普　通　預　金	155,000
			（〃）所　得　税　預　り　金	9,000
g	（借）所　得　税　預　り　金	45,000	（貸）普　通　預　金	45,000
h	（借）通　　信　　費	10,000	（貸）普　通　預　金	25,000
	（〃）水　道　光　熱　費	15,000		
i	（借）当　座　預　金	120,000	（貸）普　通　預　金	120,000

※　支払利息：¥1,200,000×4％×1か月/12か月＝¥4,000

3 ICカードに関する事項

		借方		貸方	
a	（借）仮　　払　　金	32,000	（貸）現　　　　金	32,000
b	（借）旅　費　交　通　費	18,000	（貸）仮　　払　　金	18,000
c	（借）消　耗　品　費	10,000	（貸）仮　　払　　金	10,000

4 売上げに関する事項

		借方		貸方	
a	（借）現　　　　金	1,146,000	（貸）売　　　　上	1,146,000
b	（借）売　　掛　　金	60,000	（貸）売　　　　上	60,000

5 仕入れに関する事項

		借方		貸方	
a	（借）仕　　　　入	60,000	（貸）支　払　手　形	60,000
b	（借）仕　　　　入	910,000	（貸）買　　掛　　金	910,000
c	（借）買　　掛　　金	6,000	（貸）仕　　　　入	6,000

6 その他の事項

		借方		貸方	
a	（借）支　払　手　形	100,000	（貸）当　座　預　金	100,000
b	（借）普　通　預　金	1,196,000	（貸）借　　入　　金	1,200,000
	（〃）支　払　利　息	4,000		
c	（借）消　耗　品　費	15,000	（貸）未　　払　　金	15,000

第4問 ⇒ 勘定記入

　勘定記入に際して、相手勘定科目が複数となる場合には、「諸口」を用いる。なお、平成29年度の手数料の支払いが生じた取引に係る仕訳は以下のとおりである。

1　未払金の支払

（借）未　払　金	70,000	（貸）普　通　預　金	70,000
（借）支　払　手　数　料	300	（貸）普　通　預　金	300

2　土地の購入

土地の購入に際して支払う仲介手数料は、付随費用に該当するため、土地の取得原価に算入する。

（借）土　　　　地	1,215,000	（貸）当　座　預　金	1,200,000
		（〃）現　　　　金	15,000

3　調査手数料

（借）支　払　手　数　料	60,000	（貸）現　　　　金	60,000

4　調査手数料の前払

（借）前　払　手　数　料	40,000	（貸）支　払　手　数　料	40,000

　※　¥20,000（1か月当たり調査手数料）× 2か月（平成29年1月～2月）= ¥40,000

第5問 ⇒ 精算表

　決算整理仕訳は以下のとおりである。

1　買掛金の支払

（借）買　　掛　　金	38,000	（貸）普　通　預　金	38,000

2　旅費交通費の精算

（借）旅　費　交　通　費	17,000	（貸）仮　　払　　金	30,000
（〃）普　通　預　金	13,000		

　※　普通預金：¥30,000（残高T/B仮払金）- ¥17,000（旅費交通費）= ¥13,000

3　売掛金の回収に係る修正

　⑴　誤った仕訳

（借）現　　　　金	20,000	（貸）前　　受　　金	20,000

　⑵　正しい仕訳

（借）現　　　　金	20,000	（貸）売　　掛　　金	20,000

　⑶　修正仕訳

（借）前　　受　　金	20,000	（貸）売　　掛　　金	20,000

4　貸倒引当金の設定

（借）貸　倒　引　当　金　繰　入	2,000	（貸）貸　倒　引　当　金	2,000

　※　｛¥270,000（残高T/B売掛金）- ¥20,000（上記3⑶）｝× 2 % - ¥3,000（残高T/B貸倒引当金）= ¥2,000

5　売上原価の算定

（借）仕　　　　入	226,000	（貸）繰　越　商　品	226,000
（借）繰　越　商　品	189,000	（貸）仕　　　　入	189,000

6 減価償却

(借) 減 価 償 却 費   119,000   (貸) 建物減価償却累計額   29,000

                                          (〃) 備品減価償却累計額   90,000

※1 建物減価償却累計額：¥870,000(残高T/B建物)÷30年(耐用年数) = ¥29,000

※2 備品減価償却累計額：¥360,000(残高T/B備品)÷4年(耐用年数) = ¥90,000

※3 減価償却費：¥29,000(上記※1) + ¥90,000(上記※2) = ¥119,000

7 保険料の繰延

(借) 前 払 保 険 料   40,000   (貸) 保 険 料   40,000

※ ¥60,000(支払額)×8か月(平成29年1月～8月)/12か月 = ¥40,000

8 受取家賃の繰延

(借) 受 取 家 賃   15,000   (貸) 前 受 家 賃   15,000

※ ¥45,000(受取額)×1か月(平成29年1月)/3か月 = ¥15,000

9 給料の見越

(借) 給 料   37,000   (貸) 未 払 給 料   37,000

簿記検定試験

第 1 回 模 擬 問 題

日商3級

（制限時間　1時間）

第1問（45点）

下記の各取引について仕訳しなさい。ただし、勘定科目は、各取引の下の勘定科目から最も適当と思われるものを選び、記号で解答すること。

1．電子記録債務¥800,000の支払期日が到来し、当座預金口座から引き落された。

    ア．現金　　イ．当座預金　　ウ．普通預金　　エ．電子記録債権　　オ．買掛金
    カ．電子記債務

2．増資を行うため、株式500株を1株あたり¥10,000で発行し、全額の払い込みを受け、払込金は当座預金とした。なお、全額を資本金に計上する。

    ア．現金　　イ．当座預金　　ウ．普通預金　　エ．資本金　　オ．資本準備金　　カ．利益準備金

3．クレジット払いの条件により商品¥750,000を販売し、信販会社への手数料（販売代金の3％）は販売時に計上する。

    ア．普通預金　　イ．売掛金　　ウ．クレジット売掛金　　エ．売上　　オ．支払手数料
    カ．支払利息

4．営業に用いている建物の改良・修繕を行い、代金¥3,600,000を小切手を振り出して支払った。支払額のうち¥3,000,000は建物の価値を高めるための支出であり、残額は機能維持のための支出である。

    ア．現金　　イ．当座預金　　ウ．建物　　エ．減価償却累計額　　オ．減価償却費　　カ．修繕費

5．従業員への当月分の給料¥760,000の支払いにあたり、従業員負担の社会保険料¥76,800と源泉徴収所得税¥9,200を差引いた残額を当社の当座預金口座より各従業員の指定普通預金口座へ振り込んだ。

    ア．当座預金　　イ．普通預金　　ウ．社会保険料預り金　　エ．所得税預り金　　オ．給料
    カ．租税公課

6．損益勘定の記録によると、当期の収益総額は¥6,520,000、費用総額は¥4,880,000であった。この差額を当期純損益として繰越利益剰余金勘定に振り替える。

    ア．資本金　　イ．利益準備金　　ウ．繰越利益剰余金　　エ．雑益　　オ．雑損　　カ．損益

7．商品¥300,000（本体価格）を販売し、代金のうち¥200,000は手形で受け取り、残額は掛けとした。なお、消費税額の計算は税抜方式を採用し、消費税率は10％で計算する。

    ア．受取手形　　イ．売掛金　　ウ．仮払消費税　　エ．仮受消費税　　オ．未払消費税
    カ．売上

8．宮本商事に対する貸付金¥2,000,000について、6か月分の利息とともに同店振出しの小切手で受け取った。なお、利率は年3％である。

    ア．現金　　イ．当座預金　　ウ．貸付金　　エ．未収利息　　オ．受取利息　　カ．支払利息

9．従業員が出張から戻り、旅費の残額¥7,200と得意先で契約した商品販売にかかる手付金¥50,000を現金で受け取った。なお、出張にあたって、従業員には旅費¥30,000を概算額で仮払していた。

    ア．現金　　イ．前払金　　ウ．仮払金　　エ．前受金　　オ．売上　　カ．旅費交通費

10. 得意先より掛代金￥200,000を現金で回収し、直ちに当座預金口座に入金していたが、誤って、売上げを計上していた。本日、これを訂正する仕訳を行う。

　　　ア．現金　　イ．当座預金　　ウ．売掛金　　エ．貸倒引当金　　オ．売上　　カ．貸倒損失

11. 取引銀行から借り入れていた￥1,000,000の返済期日が到来したため、元利合計を当座預金口座から返済した。なお、借入れにともなう利率は年6％であり、借入期間219日であった。利息は1年間を365日として日割計算する。

　　　ア．当座預金　　イ．貸付金　　ウ．借入金　　エ．手形借入金　　オ．受取利息　　カ．支払利息

12. 従業員が事業用のＩＣカードから旅費交通費￥920と消耗品￥2,310を支払った。なお、ＩＣカードのチャージ（入金）については、チャージ時に仮払金勘定で処理し、消耗品は購入時に費用処理している。

　　　ア．現金　　イ．消耗品　　ウ．仮払金　　エ．仮受金　　オ．旅費交通費　　カ．消耗品費

13. 株主総会の決議により、以下のように繰越利益剰余金を財源とする配当が決議された。

株主配当金：￥300,000　　　利益準備金の積立額：￥30,000

　　　ア．未払配当金　　イ．資本金　　ウ．資本準備金　　エ．利益準備金　　オ．繰越利益剰余金
　　　カ．損益

14. 前期の決算で計上した未払利息￥88,000について、再振替仕訳を行った。

　　　ア．現金　　イ．未収利息　　ウ．未払利息　　エ．受取利息　　オ．支払利息　　カ．損益

15. 販売用の中古車を￥1,720,000で購入し、代金は月末に支払うことにした。なお、当社は中古車販売業を営んでおり、車の運送費用￥22,000は現金で支払った。

　　　ア．現金　　イ．車両　　ウ．買掛金　　エ．未払金　　オ．仕入　　カ．支払運賃

第2問 （20点）

(1) 次の ［資料］ にもとづいて、①から⑤に入る適切な金額を答案用紙に記入しなさい。定額法にもとづき減価償却が行われており、減価償却は月割計算によって計上する。なお、当社の今年の決算日は2021年3月31日であり、便宜上、帳簿は締め切らない。

［資料］

	取　得　日	取　得　原　価	耐　用　年　数	残　存　価　額
本 社 建 物	2008年10月1日	¥ 6,000,000	20年	取得原価の10%
備　品　A	2016年6月1日	¥（　①　）	8年	ゼロ
備　品　B	2018年4月1日	¥ 1,500,000	5年	ゼロ
備　品　C	2020年7月1日	¥　900,000	5年	ゼロ

備品

4/1	前　期　繰　越	8,400,000		
7/1	当　座　預　金	（　②　）		

備品減価償却累計額

			4/1	前　期　繰　越	（　③　）
			3/31	減　価　償　却　費	（　④　）

減価償却費

3/31	建物減価償却累計額	（　⑤　）		
3/31	備品減価償却累計額	（　④　）		

(2) 次の2月における甲商品に関する ［資料］ にもとづいて、下記の問に答えなさい。

［資料］

2月1日	前　月　繰　越	300個　@¥ 320
7日	仕　入　れ	500個　@¥ 336
10日	売　上　げ	600個　@¥ 510
15日	仕　入　れ	800個　@¥ 340
22日	売　上　げ	300個　@¥ 520
27日	売　上　げ	450個　@¥ 515

問1　2月における甲商品の商品有高帳を作成しなさい。払出単価の方法は先入先出法を採用し、摘要欄には上記 ［資料］ の語句を記入すること。なお、商品有高帳の締め切りは必要ない。

問2　2月における甲商品について、移動平均法を採用した場合の売上高と2月末における月末商品棚卸高を答えなさい。

第3問 （35点）

次の(1)決算整理前残高試算表および(2)決算整理事項等にもとづいて、答案用紙の貸借対照表および損益計算書を作成しなさい。なお、会計期間は2020年4月1日から2021年3月31日までの1年間である。

(1)
決算整理前残高試算表
2021年3月31日

借　　方	勘　定　科　目	貸　　方
55,800	現　　　　　　金	
	現　金　過　不　足	29,600
4,260,000	普　通　預　金	
997,000	売　　掛　　金	
260,000	繰　越　商　品	
718,000	仮　払　消　費　税	
6,000,000	建　　　　　　物	
960,000	備　　　　　　品	
5,000,000	土　　　　　　地	
1,800,000	貸　　付　　金	
	買　　掛　　金	888,000
	仮　受　消　費　税	1,356,000
	貸　倒　引　当　金	3,500
	借　　入　　金	1,000,000
	建物減価償却累計額	1,700,000
	備品減価償却累計額	659,999
	資　　本　　金	7,000,000
	資　本　準　備　金	500,000
	繰　越　利　益　剰　余　金	2,547,701
	売　　　　　　上	14,230,000
	受　取　利　息	42,000
6,660,000	仕　　　　　　入	
2,235,000	給　　　　　　料	
485,000	水　道　光　熱　費	
197,000	旅　費　交　通　費	
22,000	租　税　公　課	
285,000	雑　　　　　　費	
22,000	支　払　利　息	
29,956,800		29,956,800

(2) 決算整理事項等

1. 現金過不足勘定のうち¥27,000は商品販売時に現金で受け取っていたが、全額を掛取引として記帳していたものであることが判明し、残額は不明であるため、雑損または雑益として計上する。

2. 売掛金の期末残高に対して2％の貸倒引当金を差額補充法により設定する。

3. 期末商品棚卸高は¥320,000である。

4. 有形固定資産について、次の要領で定額法により減価償却を行う。
   建物：残存価額ゼロ　耐用年数30年
   備品：残存価額ゼロ　耐用年数5年
   なお、備品¥960,000のうち¥360,000は昨年度にすでに耐用年数をむかえて減価償却を終了している。そこで、今年度は備品に関して残りの¥600,000についてのみ減価償却を行う。

5. 消費税の処理（税抜方式）を行う。

6. 給料の未払い分が¥85,000ある。

7. 租税公課勘定は期中に購入した収入印紙が計上されているが、そのうち¥3,000は期末において未使用であった。

8. 貸付金のうち¥800,000は、期間5年、利率年3％、利息は12月末と6月末に6か月分をそれぞれ受け取ることとなっている。利息の計算は月割りによる。

9. 未払法人税等¥1,200,000を計上する。なお、当期に中間納付はしていない。

第1回模擬問題　答案用紙

3 級 ①

商 業 簿 記

第1問（45点）

	仕		訳	
	借 方 科 目	金 額	貸 方 科 目	金 額
1				
2				
3				
4				
5				
6				
7				
8				

（ココヲトジル）

受験番号

氏名

生年月日　　　　　・　　・

×　　　　（ココヲトジル）　　　×

第１回模擬問題　答案用紙

3 級 ②

商 業 簿 記

	仕		訳	
	借 方 科 目	金 額	貸 方 科 目	金 額
9				
10				
11				
12				
13				
14				
15				

受験番号

氏名

生年月日　　　.　.

×　　　（ココヲトジル）　　　×

第１回模擬問題　答案用紙

3 級 ③

商 業 簿 記

第2問（20点）

(1)

①	②	③	④	⑤

(2)

問1

商 品 有 高 帳
甲 商 品

		摘　　要	受　　入			払　　出			残　　高		
			数 量	単 価	金 額	数 量	単 価	金 額	数 量	単 価	金 額
2	1	前月繰越	300	320	96,000				300	320	96,000
	7										
	10										
	15										
	22										
	27										

問2

売　　上　　高	月末商品棚卸高
¥	¥

受験番号

氏名

生年月日　　　　　.　.

×　　（ココヲトジル）　　×

第１回模擬問題　答案用紙

3 級 ④

商業簿記

採点欄

第3問

第3問（35点）

貸借対照表
2021年３月31日 （単位：円）

現　　　　金	55,800	買　　掛　　金		888,000
普　通　預　金	4,260,000	（　　　　　）		（　　　　　）
売　　掛　　金 （　　　　）		未　払　消　費　税		（　　　　　）
貸倒引当金 （　　　　） （　　　　　）		未払法人税等		（　　　　　）
（　　　　　） （　　　　　）		借　　入　　金		1,000,000
（　　　　　） （　　　　　）		資　　本　　金		7,000,000
（　　　　　） （　　　　　）		資　本　準　備　金		500,000
建　　　　物 （　　　　）		（　　　　　　）		（　　　　　）
減価償却累計額 （　　　　） （　　　　　）				
備　　　　品 （　　　　）				
減価償却累計額 （　　　　） （　　　　　）				
土　　　　地	5,000,000			
貸　　付　　金	1,800,000			
	（　　　　　）			（　　　　　）

損益計算書
2020年４月１日から2021年３月31日まで （単位：円）

（　　　　　）	（　　　　　）	（　　　　　）	14,230,000
貸倒引当金繰入	（　　　　　）	受　取　利　息	（　　　　　）
給　　　　料	（　　　　　）	（　　　　　）	（　　　　　）
減　価　償　却　費	（　　　　　）		
水　道　光　熱　費	485,000		
旅　費　交　通　費	197,000		
租　税　公　課	（　　　　　）		
雑　　　　費	285,000		
支　払　利　息	22,000		
法　人　税　等	（　　　　　）		
（　　　　　）	（　　　　　）		
	（　　　　　）		（　　　　　）

計算用紙

計算用紙

計算用紙

計算用紙

第１回模擬問題

模範解答

簿 記 検 定 試 験 模 範 解 答
日商　3級①

第1問 （45点）　　　　　　　　　　　　　　　　　（配点：仕訳1組につき3点×15ヶ所）

	仕		訳	
	借 方 科 目	金 額	貸 方 科 目	金 額
1	カ	800,000	イ	800,000
2	イ	5,000,000	エ	5,000,000
3	ウ オ	727,500 22,500	エ	750,000
4	ウ カ	3,000,000 600,000	イ	3,600,000
5	オ	760,000	ウ エ ア	76,800 9,200 674,000
6	カ	1,640,000	ウ	1,640,000
7	ア イ	200,000 130,000	カ エ	300,000 30,000
8	ア	2,030,000	ウ オ	2,000,000 30,000
9	ア カ	57,200 22,800	ウ エ	30,000 50,000
10	オ	200,000	ウ	200,000
11	ウ カ	1,000,000 36,000	ア	1,036,000
12	オ カ	920 2,310	ウ	3,230
13	オ	330,000	ア エ	300,000 30,000
14	ウ	88,000	オ	88,000
15	オ	1,742,000	ウ ア	1,720,000 22,000

第2問 （合計20点）

(1) （10点）　　　　　　　　　　　　　　　　　　　　　　　　　（配点：各2点×5ヶ所）

①	②	③	④	⑤
6,900,000	900,000	3,906,250	1,297,500	270,000

(2) （10点）　　　　　　　　　　　　　　　　　　　（配点： ▆▆▆ につき2点×5ヶ所）

問1

商　品　有　高　帳
甲　商　品

		摘　要	受　入			払　出			残　高		
			数量	単価	金額	数量	単価	金額	数量	単価	金額
2	1	前月繰越	300	320	96,000				300	320	96,000
	7	仕 入 れ	500	336	168,000				300	320	96,000
									500	336	168,000
	10	売 上 げ				300	320	96,000			
						300	336	100,800	200	336	67,200
	15	仕 入 れ	800	340	272,000				200	336	67,200
									800	340	272,000
	22	売 上 げ				200	336	67,200			
						100	340	34,000	700	340	238,000
	27	売 上 げ				450	340	153,000	250	340	85,000

問2

売　上　高	月末商品棚卸高
693,750	84,500

（配点：　　につき各4点、当期純利益のみ3点）

貸借対照表
2021年3月31日 （単位：円）

現　　　金		55,800	買　掛　金	888,000
普 通 預 金		4,260,000	（未 払 費 用）	（ 85,000 ）
売　掛　金	（ 970,000 ）		未 払 消 費 税	（ 638,000 ）
貸 倒 引 当 金	（ 19,400 ）	（ 950,600 ）	未 払 法 人 税 等	（ 1,200,000 ）
（商　　　品）		（ 320,000 ）	借　入　金	1,000,000
（貯　蔵　品）		（ 3,000 ）	資　本　金	7,000,000
（未 収 収 益）		（ 6,000 ）	資 本 準 備 金	500,000
建　　　物	（ 6,000,000 ）		（繰越利益剰余金）	（ 5,364,401 ）
減価償却累計額	（ 1,900,000 ）	（ 4,100,000 ）		
備　　　品	（ 960,000 ）			
減価償却累計額	（ 779,999 ）	（ 180,001 ）		
土　　　地		5,000,000		
貸　付　金		1,800,000		
		（ 16,675,401 ）		（ 16,675,401 ）

損益計算書
2020年4月1日から2021年3月31日まで （単位：円）

（売 上 原 価）	（ 6,600,000 ）	（売　上　高）	14,230,000
貸倒引当金繰入	（ 15,900 ）	受 取 利 息	（ 48,000 ）
給　　　料	（ 2,320,000 ）	（雑　　　益）	（ 2,600 ）
減 価 償 却 費	（ 320,000 ）		
水 道 光 熱 費	485,000		
旅 費 交 通 費	197,000		
租 税 公 課	（ 19,000 ）		
雑　　　費	285,000		
支 払 利 息	22,000		
法 人 税 等	（ 1,200,000 ）		
（当 期 純 利 益）	（ 2,816,700 ）		
	（ 14,280,600 ）		（ 14,280,600 ）

第1問 ⇒ 仕訳問題

1．電子記録債務の支払期日が到来し、無事決済されているため「電子記録債務（負債）」勘定を減少させる。

（借）電 子 記 録 債 務　　800,000　　　（貸）当 座 預 金　　800,000

2．株式を発行した場合には、「資本金（純資産）」勘定で処理し、払込金は問題文の指示どおり「当座預金（資産）」勘定で処理する。

（借）当 座 預 金　　5,000,000　　　（貸）資 本 金　　5,000,000

　　※　￥10,000×500株＝￥5,000,000

3．クレジット払いの条件により商品を販売した場合には、「クレジット売掛金（資産）」勘定で処理し、問題文の指示により手数料は販売時に「支払手数料（費用）」勘定で処理する。なお、手数料は代金決済時に計上することもある。

（借）クレジット売掛金　　727,500　　　（貸）売 上　　750,000

（〃）支 払 手 数 料　　22,500

　　※　支払手数料：￥750,000×3％＝￥22,500

4．建物の価値を高める支出は「建物（資産）」勘定で処理し、資本的支出という。それに対して、機能維持のための支出は「修繕費（費用）」勘定で処理し、収益的支出という。

（借）建 物　　3,000,000　　　（貸）当 座 預 金　　3,600,000

（〃）修 繕 費　　600,000

5．給料の支払い時には、従業員負担分の社会保険料や源泉徴収所得税を企業が預かっている場合にはそれぞれ「社会保険料預り金（負債）」勘定や「所得税預り金（負債）」勘定で処理し、その後従業員に代わってそれぞれの納付先に企業が納めることになる。当社の仕訳を問われているため、従業員の普通預金口座など文章に振り回されないように注意が必要である。

（借）給 料　　760,000　　　（貸）社 会 保 険 料 預 り 金　　76,800

（〃）所 得 税 預 り 金　　9,200

（〃）当 座 預 金　　674,000

　　※　当座預金：￥760,000（給料総額）－￥76,800（社会保険料預り金）－￥9,200（所得税預り金）＝￥674,000

6．損益勘定の貸方に当期の収益総額が集計され、借方に費用総額が集計される。本問では貸方側の収益が過剰であるため、当期純利益であることが分かる。当期純利益は次期以降の元手になるため、「繰越利益剰余金（純資産）」勘定で処理する。

（借）損 益　　1,640,000　　　（貸）繰 越 利 益 剰 余 金　　1,640,000

　　※　￥6,520,000（収益総額）－￥4,880,000（費用総額）＝￥1,640,000

7．商品販売時に消費税を預かっている場合には、将来、消費者に代わって消費税を納めることになるため「仮受消費税（負債）」勘定で処理する。

（借）受 取 手 形　　200,000　　　（貸）売 上　　300,000

（〃）売 掛 金　　130,000　　　（〃）仮 受 消 費 税　　30,000

　　※　仮受消費税：￥300,000（本体価格）×10％＝￥30,000
　　　　売掛金：￥300,000（本体価格）＋￥30,000（仮受消費税）－￥200,000（受取手形）＝￥130,000

8．貸付金の利息は「受取利息（収益）」勘定で処理し、他人振出しの小切手は現金同等物に該当するため、「現金（資産）」勘定で処理する。

（借）現 金	2,030,000	（貸）貸 付 金	2,000,000
		（〃）受 取 利 息	30,000

※　受取利息：¥2,000,000（貸付金額）×3％（年利率）×6か月（貸付期間）/12か月＝¥30,000

9．旅費の概算払い額は金額と勘定科目が不明であるため「仮払金（資産）」勘定で処理されており、帰社したことによる旅費の残額との概算払い額との差額を「旅費交通費（費用）」勘定で処理する。また、手付金は将来において商品を引き渡す義務があるため「前受金（負債）」勘定で処理する。

(1) 概算払い時

（借）仮 払 金	30,000	（貸）現 金	30,000

(2) 精算時（解答）

（借）現 金	57,200	（貸）仮 払 金	30,000
（〃）旅 費 交 通 費	22,800	（〃）前 受 金	50,000

※　現金：¥7,200（旅費の精算）＋¥50,000（手付金）＝¥57,200
旅費交通費：¥30,000（概算払い額）－¥7,200（旅費の精算）＝¥22,800

10．掛代金の回収は「売掛金（資産）」勘定を減少させる必要があるが、誤って「売上（収益）」勘定を発生させているため、「売上」勘定を取り消し、「売掛金」勘定を減少させる。

(1) 代金回収時（誤処理）

（借）当 座 預 金	200,000	（貸）売 上	200,000

(2) 本来の正しい仕訳

（借）当 座 預 金	200,000	（貸）売 掛 金	200,000

(3) 訂正仕訳（解答）

（借）売 上	200,000	（貸）売 掛 金	200,000

11．借入金の返済期日が到来し、利息との合計額を返済しているため、「借入金（負債）」勘定を減少させるとともに、利息は「支払利息（費用）」勘定で処理する。

（借）借 入 金	1,000,000	（貸）当 座 預 金	1,036,000
（〃）支 払 利 息	36,000		

※　支払利息：¥1,000,000×6％×219日/365日＝¥36,000

12．ICカードへの入金時に「仮払金（資産）」勘定で処理されているため、支払時には適切な勘定科目に振り分ける。なお、消耗品は購入時に費用として処理しているため「消耗品（資産）」勘定ではなく、「消耗品費（費用）」勘定で処理することに注意する。

(1) ICカードへの入金時

（借）仮 払 金	×××	（貸）現 金	×××

(2) 支払時（解答）

（借）旅 費 交 通 費	920	（貸）仮 払 金	3,230
（〃）消 耗 品 費	2,310		

13．株主への配当は、「未払配当金（負債）」勘定を増加させ、準備金の積立て額は「利益準備金（純資産）」勘定の増加とする。また、決議時点では支払いが行われていないことに注意が必要である。

（借）繰 越 利 益 剰 余 金	330,000	（貸）未 払 配 当 金	300,000
		（〃）利 益 準 備 金	30,000

14. 利息の未払いについては、以下のように考える。

（1） 前期の決算時

　　当期（前期）に発生している利息であるが、いまだ支払っていない利息は「未払利息（負債）」勘定として処理し、「支払利息（費用）」勘定を増加させる。

（借）支 払 利 息　　88,000　　　（貸）未 払 利 息　　88,000

（2） 再振替仕訳（解答）

　　当期に支払う利息のうち、前期に対応する利息を「未払利息」勘定で処理しているため、これを減少させ、「支払利息」勘定も取り消す。

（借）未 払 利 息　　88,000　　　（貸）支 払 利 息　　88,000

（3） 利息の支払い時（参考）

　　利息の支払時には、どの期間で発生したかなどを考慮せず「支払利息」勘定で処理するが、再振替仕訳により自動的に期間対応が考慮される。

（借）支 払 利 息　　××　　　（貸）現 金 預 金　　××

15. 自動車販売業者が販売用の中古自動車を購入した場合には、主たる営業取引に該当するため、「仕入（費用）」勘定で処理する。車の運送費用は付随費用であり取得原価に算入する。また、代金は月末に支払うため「買掛金（負債）」勘定で処理する。

（借）仕　　　　入　　1,742,000　　　（貸）買　　掛　　金　　1,720,000
　　　　　　　　　　　　　　　　　　　（〃）現　　　　金　　　　22,000

第2問

(1) 固定資産に関する勘定記入

　①：備品A取得原価：¥8,400,000（備品前期繰越）－¥1,500,000（備品B）＝¥6,900,000

　　　※　備品Cは2020年7月1日に取得しているため、前期末時点において保有している備品は、備品Aおよび備品Bとなる。また、本社建物は備品ではないことに注意が必要である。

　②：備品勘定7／1：¥900,000（備品C取得原価）

　③：備品減価償却累計額勘定、前期繰越：¥6,900,000（備品A取得原価）×46か月（2016年6月〜2020年3月）/96か月（耐用年数）＋¥1,500,000（備品B取得原価）×24か月（2018年4月〜2020年3月）/60か月（耐用年数）＝¥3,906,250

　④：備品減価償却費：¥6,900,000（備品A取得原価）×12か月/96か月（耐用年数）＋¥1,500,000（備品B取得原価）×12か月/60か月（耐用年数）＋¥900,000（備品C取得原価）×9か月（2020年7月〜2021年3月）/60か月（耐用年数）＝¥1,297,500

　⑤：建物減価償却費：¥6,000,000（建物取得原価）×｛1－0.1（残存価額）｝/20年（耐用年数）＝¥270,000

	取 得 日	取得原価	耐用年数	残存価額
本社建物	2008年10月1日	¥6,000,000	20年	取得価格の10%
備品 A	2016年6月1日	¥6,900,000	8年	ゼロ
備品 B	2018年4月1日	¥1,500,000	5年	ゼロ
備品 C	2020年7月1日	¥900,000	5年	ゼロ

備　　　　　品

4 / 1	前　期　繰　越	8,400,000			
7 / 1	当　座　預　金	900,000			

備 品 減 価 償 却 累 計 額

			4 / 1	前　期　繰　越	3,906,250
			3 /31	減　価　償　却　費	1,297,500

減　価　償　却　費

3 /31	建物減価償却累計額	270,000			
3 /31	備品減価償却累計額	1,297,500			

(2)　商品有高帳の作成と商品売買における計算

問1　商品有高帳の作成

　　　先入先出法とは、先に購入したものから先に払い出されると仮定し、購入の日付の早いものから順次、払い出されたものとして、払出単価を計算する方法である。

問2　商品売買における計算

①　売上高：@¥510×600個（2月10日）＋@¥520×300個（2月22日）＋@¥515×450個（2月27日）
　＝¥693,750

②　月末商品棚卸高

払出単価の決定方法は移動平均法を採用しているため、仕入のつど平均単価の計算を行う。

商 品 有 高 帳
甲 商 品

		摘　要	受　　入			払　　出			残　　高		
			数量	単価	金額	数量	単価	金額	数量	単価	金額
2	1	前月繰越	300	320	96,000				300	320	96,000
	7	仕　入　れ	500	336	168,000				800	330	264,000
	10	売　上　げ				600	330	198,000	200	330	66,000
	15	仕　入　れ	800	340	272,000				1,000	338	338,000
	22	売　上　げ				300	338	101,400	700	338	236,600
	27	売　上　げ				450	338	152,100	250	338	84,500

7日　{¥96,000（@¥320×300個）＋¥168,000（@¥336×500個）}÷800個＝@¥330（平均単価）

10日　@¥330×600個＝¥198,000（売上原価）

15日　{¥66,000（@¥330×200個）＋¥272,000（@¥340×800個）}÷1,000個＝@¥338（平均単価）

22日　@¥338×300個＝¥101,400（売上原価）

27日　@¥338×450個＝¥152,100（売上原価）

第3問 ⇒ 財務諸表の作成

　貸借対照表および損益計算書の作成に関する問題である。貸借対照表および損益計算書は、外部報告用として作成されるため、内部で用いる科目（勘定科目）から外部で用いる科目（表示科目）へ切り替える必要がある。そのため、商品、売上高、売上原価、未収収益および未払費用等について注意が必要となる。

　（注）解説の便宜上、「決算整理前残高試算表」を「整理前T/B」と表記する。

Ⅰ　決算整理仕訳

1．現金過不足の判明

（借）現　金　過　不　足	29,600	（貸）売　　掛　　金	27,000
		（〃）雑　　　　　益	2,600

　　※　雑益：¥29,600 － ¥27,000 ＝ ¥2,600
　　◆　売掛金：¥997,000（整理前T/B売掛金）－ ¥27,000 ＝ ¥970,000

2．貸倒引当金の設定

（借）貸 倒 引 当 金 繰 入	15,900	（貸）貸 倒 引 当 金	15,900

　　※　¥970,000（修正後売掛金）× 2 ％ － ¥3,500（整理前T／B貸倒引当金）＝ ¥15,900
　　◆　貸倒引当金：¥3,500（整理前T/B貸倒引当金）＋ ¥15,900 ＝ ¥19,400

3．売上原価の算定

　売上原価の算定は解説上、「売上原価（費用）」勘定で行っている。

（借）売　　上　　原　　価	260,000	（貸）繰　　越　　商　　品	260,000
（借）売　　上　　原　　価	6,660,000	（貸）仕　　　　　　入	6,660,000
（借）繰　　越　　商　　品	320,000	（貸）売　　上　　原　　価	320,000

　　◆　売上原価：¥260,000（整理前T/B繰越商品）
　　　　　　　　　＋ ¥6,660,000（整理前T/B仕入）－ ¥320,000（期末商品棚卸高）＝ ¥6,600,000

4．減価償却の計算

（借）減　価　償　却　費	320,000	（貸）建物減価償却累計額	200,000
		（〃）備品減価償却累計額	120,000

　　※　建物減価償却累計額：¥6,000,000（整理前T/B建物）÷30年（耐用年数）＝ ¥200,000
　　　　備品減価償却累計額：〔¥960,000（整理前T/B備品）－ ¥360,000（耐用年数到来分）〕÷ 5 年（耐用年数）
　　　　＝ ¥120,000
　　◆　建物減価償却累計額：¥1,700,000（整理前T/B建物減価償却累計額）＋ ¥200,000 ＝ ¥1,900,000
　　◆　備品減価償却累計額：¥659,999（整理前T/B備品減価償却累計額）＋ ¥120,000 ＝ ¥779,999

5．消費税の処理

（借）仮　受　消　費　税	1,356,000	（貸）仮　払　消　費　税	718,000
		（〃）未　払　消　費　税	638,000

　　※　未払消費税：¥1,356,000（整理前T/B仮受消費税）－ ¥718,000（整理前T/B仮払消費税）＝ ¥638,000

6．給料の未払い

（借）給　　　　　　料	85,000	（貸）未　払　給　料	85,000

　　◆　給料：¥2,235,000（整理前T/B給料）＋ ¥85,000 ＝ ¥2,320,000

7．収入印紙の未使用分

（借）貯　蔵　品　　　　3,000　　　　（貸）租　税　公　課　　　　3,000

　　◆　租税公課：￥22,000（整理前T/B租税公課）－￥3,000＝￥19,000

8．貸付利息の未収

（借）未　収　利　息　　　　6,000　　　　（貸）受　取　利　息　　　　6,000

　　※　￥800,000×3％×3か月（1月～3月）/12か月＝￥6,000

　　◆　受取利息：￥42,000（整理前T/B受取利息）＋￥6,000＝￥48,000

9．法人税等の計上

（借）法　人　税　等　　1,200,000　　　　（貸）未払法人税等　　1,200,000

Ⅱ　決算振替仕訳（一部省略）

1．当期純利益の振り替え

（借）損　　　　　　益　　2,816,700　　　　（貸）繰越利益剰余金　　2,816,700

　　◆　繰越利益剰余金：￥2,547,701（整理前T/B繰越利益剰余金）＋￥2,816,700＝￥5,364,401

簿記検定試験

第 2 回 模 擬 問 題

日商3級

（制限時間　1時間）

第1問 （45点）

　下記の各取引について仕訳しなさい。ただし、勘定科目は、各取引の下の勘定科目から最も適当と思われるものを選び、記号で解答すること。

1. 三洋銀行より¥5,000,000を借り入れ、同額の約束手形を振り出し、利息¥250,000を差し引かれた残額が当座預金口座に振り込まれた。

　　ア．当座預金　　イ．支払手形　　ウ．借入金　　エ．手形借入金　　オ．支払手数料
　　カ．支払利息

2. 得意先山梨商事に対する売掛金¥1,200,000について取引銀行を通じて発生記録を行い、電子記録にかかる債権が生じた。

　　ア．当座預金　　イ．受取手形　　ウ．売掛金　　エ．電子記録債権　　オ．支払手形
　　カ．電子記録債務

3. 月末である本日（決算日でない）、現金の実際有高と帳簿残高を照合したところ、実際有高は¥98,500、帳簿残高¥124,700であり、差額の一部は、修繕費¥27,500の記帳漏れであることが判明した。

　　ア．現金　　イ．雑益　　ウ．雑費　　エ．雑損　　オ．修繕費　　カ．現金過不足

4. 確定した決算により、消費税¥1,600,000を現金にて納付した。なお、消費税の記帳は税抜方式による。

　　ア．現金　　イ．当座預金　　ウ．仮払消費税　　エ．仮受消費税　　オ．未払消費税
　　カ．租税公課

5. 得意先鹿児島商会が倒産し、同社に対して前期に発生した売掛金¥720,000が貸倒れとなった。なお、貸倒引当金の残高が¥500,000ある。

　　ア．売掛金　　イ．貸倒引当金　　ウ．売上　　エ．償却債権取立益　　オ．貸倒引当金繰入
　　カ．貸倒損失

6. 移転のため1部屋を1か月¥550,000で賃貸する契約を結び、1か月分の家賃、敷金（家賃3か月分）、および不動産会社への仲介手数料（家賃1か月分）を当座預金口座より振り込んだ。

　　ア．当座預金　　イ．建物　　ウ．差入保証金　　エ．支払家賃　　オ．支払手数料　　カ．支払利息

7. 新入社員用のデスクセット¥142,000とパソコン¥220,000を購入し、代金は翌月末に支払うことになっている。なお、購入に要した当社負担の引取運賃¥5,500を現金で支払っている。

　　ア．現金　　イ．備品　　ウ．買掛金　　エ．未払金　　オ．仕入　　カ．発送費

8. 次の経費（全て費用計上）の支払いを小口現金から支払った。ただし、当店は定額資金前渡制度を採用しているが、小口現金の補給はまだ行われていない。

　┌───┐
　│ 消耗品の購入 ¥7,700　収入印紙の購入 ¥5,000　修繕費の支払い ¥12,000 │
　└───┘

　　ア．小口現金　　イ．消耗品　　ウ．貯蔵品　　エ．消耗品費　　オ．租税公課　　カ．修繕費

9. 株式会社岡山（決算年1回）は、中間申告をおこない、前年度の法人税・住民税及び事業税の合計額￥3,500,000の2分の1を小切手を振り出して納付した。

　　ア．現金　　イ．当座預金　　ウ．仮払法人税等　　エ．未払法人税等　　オ．租税公課
　　カ．法人税等

10. 不用になった備品（取得原価￥3,600,000、減価償却累計額￥2,200,000、間接法で記帳）を期首に￥1,250,000で売却し、代金は来月末に受け取る。

　　ア．売掛金　　イ．備品　　ウ．未収入金　　エ．減価償却累計額　　オ．固定資産売却益
　　カ．固定資産売却損

11. 従業員にかかる健康保険料￥160,800を普通預金口座から納付した。このうち従業員負担分は￥80,400で先に預かっていた社会保険料預り金からの支出であり、残額は会社負担分である。

　　ア．当座預金　　イ．普通預金　　ウ．社会保険料預り金　　エ．給料　　オ．法定福利費
　　カ．租税公課

12. 従業員が業務のために立て替えた1か月分の諸経費は次のとおりであった。そこで、来月の給料に含めて従業員へ支払うため、未払金として計上した。

　　| 電車代　￥2,620　タクシー代　￥4,500　その他諸経費（雑費）　￥3,240 |

　　ア．立替金　　イ．未払金　　ウ．未払給料　　エ．給料　　オ．旅費交通費　　カ．雑費

13. 仕入勘定において算定された売上原価￥11,110,000を損益勘定に振り替えた。

　　ア．繰越商品　　イ．繰越利益剰余金　　ウ．売上　　エ．仕入　　オ．売上原価　　カ．損益

14. 本日、川辺商店に対する買掛金￥370,000および売掛金￥80,000の決済日につき、川辺商店の承諾を得て両者を相殺処理するとともに、買掛金の超過分￥290,000は小切手を振り出して支払った。

　　ア．現金　　イ．当座預金　　ウ．受取手形　　エ．売掛金　　オ．支払手形　　カ．買掛金

15. 商品を購入し、商品とともに下記の納品書兼請求書を受け取り、代金は後日支払うこととした。なお、消費税は税抜方式で記帳する。

<table>
<tr><td colspan="5" style="text-align:center">納品書兼請求書　　　　　　　　　　No.1235</td></tr>
<tr><td colspan="3">ペットショップ滋賀　御中</td><td colspan="2">令和3年10月20日
株式会社横須賀</td></tr>
<tr><td>商品名</td><td>数量</td><td>単価</td><td colspan="2">金額</td></tr>
<tr><td>ドッグフード2kg</td><td>50</td><td>￥4,200</td><td colspan="2">￥210,000</td></tr>
<tr><td>ドッグフード5kg</td><td>20</td><td>￥10,000</td><td colspan="2">￥200,000</td></tr>
<tr><td></td><td></td><td>小　計</td><td colspan="2">￥410,000</td></tr>
<tr><td></td><td></td><td>消費税</td><td colspan="2">￥41,000</td></tr>
<tr><td></td><td></td><td>合計金額</td><td colspan="2">￥451,000</td></tr>
<tr><td colspan="5" style="text-align:right">以上の金額をご請求いたします。</td></tr>
</table>

　　ア．仮払消費税　　イ．買掛金　　ウ．未払金　　エ．仮受消費税　　オ．未払消費税
　　カ．仕入

第2問（20点）

(1) 八街商店（決算年1回、3月31日）における次の【取引】にもとづいて、受取利息勘定と未収利息勘定の空欄①から⑤に当てはまる適切な語句または金額を答案用紙に記入しなさい。なお、利息の計算はすべて月割計算とする。

【取引】
・前期
　11月1日　A取引先へ￥2,400,000（利率年2％、期間1年、利払日は10月31日の返済日）を貸し付け、同額を当座預金口座へ振り込んだ。
　3月31日　決算日をむかえ、貸付金にかかる利息の処理を適切に行う。
・当期
　4月1日　期首において、再振替仕訳を行う。
　8月1日　K取引先へ￥5,000,000（利率年3％、期間2年、利払日は毎年7月31日）を貸し付け、同額を当座預金口座へ振り込んだ。
　10月31日　前期に貸し付けた￥2,400,000と利息（各自計算）が普通預金口座に振り込まれた。
　3月31日　決算日をむかえ、貸付金にかかる利息の処理を適切に行う。

```
              受  取  利  息                              未  収  利  息
3/31（ ① ）（    ）│3/31（    ）（    ）    3/31（    ）（ ② ）│3/31（    ）（    ）
                   ￣￣￣￣         ￣￣￣￣                   ￣￣￣￣         ￣￣￣￣
4/1（    ）（    ）│10/31 普通預金（ ③ ）   4/1 前期繰越（    ）│4/1（ ④ ）（    ）
3/31（    ）（ ⑤ ）│3/31（    ）（    ）    3/31（    ）（    ）│3/31（    ）（    ）
         （    ）          （    ）                  （    ）          （    ）
                   ￣￣￣￣         ￣￣￣￣                   ￣￣￣￣         ￣￣￣￣
                                                        4/1 前期繰越（    ）│
```

(2) 次の阪本商事株式会社における各取引の伝票記入について、空欄⑥から⑩にあてはまる適切な勘定科目または金額を答えなさい。なお、使用しない伝票の解答欄には「記入なし」と答えること。また、商品売買取引の処理は3分法によること。

1．商品￥330,000を販売し、代金のうち￥100,000は現金で受け取り、残額は掛けとした。

入　金　伝　票		振　替　伝　票			
科　目	金　額	借方科目	金　額	貸方科目	金　額
売　　上	（ ⑥ ）	（　　）	（ ⑦ ）	（　　）	（　　）

2．商品￥667,000を購入し、代金のうち￥150,000は現金で支払い、残額は掛けとした。

出　金　伝　票		振　替　伝　票			
科　目	金　額	借方科目	金　額	貸方科目	金　額
買　掛　金	150,000	（ ⑧ ）	（ ⑨ ）	（ ⑩ ）	（　　）

第3問 （35点）

次の決算整理事項等にもとづいて、答案用紙の精算表を完成させなさい。なお、会計期間は2020年4月1日から2021年3月31日までの1年間である。

〔決算整理事項等〕

1. 前期に貸倒処理していた売掛金¥80,000が当期の3月10日に回収されていたが、売掛金の回収として記帳されていた。
2. 当月の水道光熱費¥6,300が当座預金口座より引き落とされていたが、未処理であった。
3. 建物および備品の減価償却を定額法で以下の要領で行う。
   　　　建物：残存価額ゼロ　耐用年数30年
   　　　備品：残存価額ゼロ　耐用年数5年
4. 売上債権（受取手形および売掛金）の期末残高に対して、2％の貸倒引当金を差額補充法により設定する。
5. 期末商品棚卸高は¥78,000であり、売上原価の算定は「仕入」の行で行う。
6. 給料の未払額が¥57,600ある。
7. 借入金のうち¥1,500,000は、期間1年間、利率年4％、利息は元本返済時に1年分を支払う条件で、当期の11月1日に借り入れたものである。したがって、当期にすでに発生している利息を月割で計上する。
8. 保険料は毎年7月1日に向こう1年分の保険料を支払っている。したがって、保険料の前払分を月割りで計上する。

第２回模擬問題　答案用紙

３　級　①

商　業　簿　記

第1問 （45点）

	仕		訳	
	借　方　科　目	金　　額	貸　方　科　目	金　　額
1				
2				
3				
4				
5				
6				
7				
8				
9				

第２回模擬問題　答案用紙

３　級　②

商　業　簿　記

	仕		訳	
	借　方　科　目	金　額	貸　方　科　目	金　額
10				
11				
12				
13				
14				
15				

第2問（20点）

(1)

①	②	③	④	⑤

(2)

⑥	⑦	⑧	⑨	⑩

受験番号

氏名

生年月日　　　　　．　．

×　　（ココヲトジル）　　×

第 2 回模擬問題　答案用紙

3 級 ③

商 業 簿 記

第3問（35点）

精　算　表

勘 定 科 目	残高試算表		修 正 記 入		損益計算書		貸借対照表	
	借 方	貸 方	借 方	貸 方	借 方	貸 方	借 方	貸 方
現　　　　　金	33,200							
当 座 預 金	1,294,000							
受 取 手 形	800,000							
売 　 掛 　 金	1,500,000							
繰 越 商 品	33,000							
建 　 　 　 物	8,400,000							
備 　 　 　 品	1,320,000							
土 　 　 　 地	5,000,000							
買 　 掛 　 金		720,000						
借 　 入 　 金		3,200,000						
貸 倒 引 当 金		8,820						
建物減価償却累計額		1,960,000						
備品減価償却累計額		528,000						
資 　 本 　 金		7,770,000						
利 益 準 備 金		50,000						
繰 越 利 益 剰 余 金		91,700						
売 　 　 　 上		9,999,000						
受 取 地 代		396,000						
仕 　 　 　 入	3,999,600							
給 　 　 　 料	1,942,000							
水 道 光 熱 費	198,200							
通 　 信 　 費	55,200							
支 払 手 数 料	7,600							
保 　 険 　 料	90,720							
支 払 利 息	50,000							
	24,723,520	24,723,520						
貸 倒 引 当 金 繰 入								
減 価 償 却 費								
（　　　）給　料								
（　　　）利　息								
（　　　　　　　）								
（　　　）保 険 料								
当 期 純（　　　）								

計算用紙

計算用紙

第２回模擬問題

模範解答

簿記検定試験模範解答
日商　3級

第1問（45点）　　　　　　　　　　　　　　　　　　　（配点：仕訳1組につき3点×15ヶ所）

	仕		訳	
	借　方　科　目	金　額	貸　方　科　目	金　額
1	ア カ	4,750,000 250,000	エ	5,000,000
2	エ	1,200,000	ウ	1,200,000
3	オ	27,500	ア カ	26,200 1,300
4	オ	1,600,000	ア	1,600,000
5	イ カ	500,000 220,000	ア	720,000
6	エ ウ オ	550,000 1,650,000 550,000	ア	2,750,000
7	イ	367,500	エ ア	362,000 5,500
8	エ オ カ	7,700 5,000 12,000	ア	24,700
9	ウ	1,750,000	イ	1,750,000
10	エ ウ カ	2,200,000 1,250,000 150,000	イ	3,600,000
11	ウ オ	80,400 80,400	イ	160,800
12	オ カ	7,120 3,240	イ	10,360
13	カ	11,110,000	エ	11,110,000
14	カ	370,000	エ イ	80,000 290,000
15	カ ア	410,000 41,000	イ	451,000

第2問（合計20点）　　　　　　　　　　　　　　　　　（配点：各2点×10ヶ所）

(1)

①	②	③	④	⑤
損　　益	20,000	48,000	受取利息	128,000

(2)

⑥	⑦	⑧	⑨	⑩
100,000	230,000	仕　入	667,000	買掛金

第3問（合計35点）

（配点：　　　につき各4点、当期純利益のみ3点）

精　算　表

勘 定 科 目	残高試算表 借方	残高試算表 貸方	修正記入 借方	修正記入 貸方	損益計算書 借方	損益計算書 貸方	貸借対照表 借方	貸借対照表 貸方
現　　　　　金	33,200						33,200	
当 座 預 金	1,294,000			6,300			1,287,700	
受 取 手 形	800,000						800,000	
売 　掛　 金	1,500,000		80,000				1,580,000	
繰 越 商 品	33,000		78,000	33,000			78,000	
建　　　　　物	8,400,000						8,400,000	
備　　　　　品	1,320,000						1,320,000	
土　　　　　地	5,000,000						5,000,000	
買 　掛 　金		720,000						720,000
借 　入 　金		3,200,000						3,200,000
貸 倒 引 当 金		8,820		38,780				47,600
建物減価償却累計額		1,960,000		280,000				2,240,000
備品減価償却累計額		528,000		264,000				792,000
資 　本 　金		7,770,000						7,770,000
利 益 準 備 金		50,000						50,000
繰越利益剰余金		91,700						91,700
売　　　　　上		9,999,000				9,999,000		
受 取 地 代		396,000				396,000		
仕　　　　　入	3,999,600		33,000	78,000	3,954,600			
給　　　　　料	1,942,000		57,600		1,999,600			
水 道 光 熱 費	198,200		6,300		204,500			
通 　信 　費	55,200				55,200			
支 払 手 数 料	7,600				7,600			
保 　険 　料	90,720			18,144	72,576			
支 払 利 息	50,000		25,000		75,000			
	24,723,520	24,723,520						
貸倒引当金繰入			38,780		38,780			
減 価 償 却 費			544,000		544,000			
（未 払） 給 料				57,600				57,600
（未 払） 利 息				25,000				25,000
（償却債権取立益）				80,000		80,000		
（前 払） 保 険 料			18,144				18,144	
当 期 純 （利 益）					3,523,144			3,523,144
			880,824	880,824	10,475,000	10,475,000	18,517,044	18,517,044

第1問 ⇒ 仕訳問題

1. 手形による借り入れは「手形借入金（負債）」勘定で処理し、利息は「支払利息（費用）」勘定で処理する。

（借）当 座 預 金	4,750,000		（貸）手 形 借 入 金	5,000,000
（〃）支 払 利 息	250,000			

2. 電子記録にかかる債権は「電子記録債権（資産）」勘定で処理する。

（借）電 子 記 録 債 権	1,200,000		（貸）売 掛 金	1,200,000

3. 現金の実際有高と帳簿残高の差額は、判明する場合には適切な勘定科目に振り替え、判明しない場合には「現金過不足」勘定で処理する。なお、決算日において、判明しない差額がある場合に「雑益（収益）」勘定または「雑損（費用）」勘定として処理する。

（借）修 繕 費	27,500		（貸）現 金	26,200
			（〃）現 金 過 不 足	1,300

※　現金過不足：¥98,500（実際有高）−{¥124,700（帳簿残高）−¥27,500（修繕費）}＝¥1,300

4. 決算において、「仮払消費税（資産）」勘定と「仮受消費税（負債）」勘定との差額を「未払消費税（負債）」勘定で処理しており、確定申告により消費税の納付を行った場合には「未払消費税」勘定を減少させる。

(1) 決算時

（借）仮 受 消 費 税	××		（貸）仮 払 消 費 税	××
			（〃）未 払 消 費 税	1,600,000

(2) 納付時（解答）

（借）未 払 消 費 税	1,600,000		（貸）現 金	1,600,000

5. 前期に発生した売掛金には、前期の決算で貸倒引当金が設定されているため、「貸倒引当金（資産の評価）」勘定を減少させ、補填できない場合には、「貸倒損失（費用）」勘定で処理する。なお、当期に発生した債権（受取手形や売掛金）が貸し倒れた場合には、決算日をむかえておらず貸倒引当金が設定されていないため「貸倒損失」勘定で処理することになる。

（借）貸 倒 引 当 金	500,000		（貸）売 掛 金	720,000
（〃）貸 倒 損 失	220,000			

6. 家賃は「支払家賃（費用）勘定」、敷金は「差入保証金（資産）」勘定、仲介手数料は「支払手数料（費用）勘定」で処理する。

（借）支 払 家 賃	550,000		（貸）当 座 預 金	2,750,000
（〃）差 入 保 証 金	1,650,000			
（〃）支 払 手 数 料	550,000			

7. デスクセットとパソコンは「備品（資産）」勘定で処理し、代金の支払いは未払いであり、商品売買以外から生じる債務であるため「未払金（負債）」勘定で処理する。また、当社負担の引取運賃は備品の取得原価に含める。

（借）備			品	367,500	（貸）未	払	金	362,000
					（〃）現		金	5,500

※ 備品：¥142,000（デスクセット）＋¥220,000（パソコン）＋¥5,500（引取運賃）＝¥367,500

8．問題文の指示より、それぞれ適切な費用の勘定科目により処理する。

（借）消 耗 品 費	7,700	（貸）小 口 現 金	24,700
（〃）租 税 公 課	5,000		
（〃）修 繕 費	12,000		

9．法人税、住民税及び事業税の中間申告は、概算額により納付し、「仮払法人税等（資産）」勘定で処理する。

（借）仮 払 法 人 税 等	1,750,000	（貸）当 座 預 金	1,750,000

※ ¥3,500,000×1／2＝¥1,750,000

10．不用となった備品の簿価（取得原価−減価償却累計額）と売却金額との差額は「固定資産売却益（収益）」勘定または「固定資産売却損（費用）」勘定で処理する。また、売却代金については主たる営業活動以外から生じる債権であるため「未収入金（資産）」勘定で処理する。

（借）減 価 償 却 累 計 額	2,200,000	（貸）備	品	3,600,000
（〃）未 収 入 金	1,250,000			
（〃）固 定 資 産 売 却 損	150,000			

※ 固定資産売却損：｛¥3,600,000（取得原価）−¥2,200,000（減価償却累計額）｝（簿価）
　　　　　　　　　　　　　　　　　　　　　−¥1,250,000（売却金額）＝¥150,000

11．従業員にかかる健康保険料を支払った場合には、先に預かっている従業員負担分は給料支払い時に「社会保険料預り金（負債）」勘定で処理されているため、減少させ、残額の会社負担分は「法定福利費（費用）」勘定で処理する。

⑴　給料支払い時

（借）給	料	××	（貸）社 会 保 険 料 預 り 金	××
			（〃）現 金 預 金	××

⑵　社会保険料納付時（解答）

（借）社 会 保 険 料 預 り 金	80,400	（貸）普 通 預 金	160,800
（〃）法 定 福 利 費	80,400		

12．従業員が立て替えている諸経費のうち電車代、タクシー代は「旅費交通費（費用）」勘定で処理し、その他の諸経費は「雑費（費用）」勘定で処理する。また、支払いは問題文の指示通り「未払金（負債）」勘定として処理する。

（借）旅 費 交 通 費	7,120	（貸）未	払	金	10,360
（〃）雑	費	3,240			

13．「仕入」勘定は費用であるため、借方残高となっている。そのため損益勘定の借方に振り替える仕訳が必要となる。

（借）損	益	11,110,000	（貸）仕	入	11,110,000

14．同一の商店に対して債権と債務が存在しており、本問では差額を小切手を振り出して支払っているため、債権と債務の総額を相殺し、差額は「当座預金（資産）」勘定の減少として処理する。

（借）買	掛	金	370,000	（貸）売	掛	金	80,000
				（〃）当 座 預 金			290,000

15. 商品の購入は「仕入（費用）」勘定で処理し、消費税については税抜方式で記帳されているため、「仮払
消費税（資産）」勘定で処理する。

（借）仕　　　　　　入　　410,000　　　（貸）買　　掛　　金　　451,000
（〃）仮　払　消　費　税　　41,000

第2問

(1) 受取利息に関する勘定記入

	受　取　利　息		
3/31 損　　益	20,000	3/31 未収利息	20,000
4/1 未収利息	20,000	10/31 普通預金	48,000
3/31 損　　益	128,000	3/31 未収利息	100,000
	148,000		148,000

	未　収　利　息		
3/31 受取利息	20,000	3/31 次期繰越	20,000
4/1 前期繰越	20,000	4/1 受取利息	20,000
3/31 受取利息	100,000	3/31 次期繰越	100,000
	120,000		120,000
4/1 前期繰越	100,000		

① 前期の決算整理仕訳（3/31）

まだ受け取っていないため「未収利息（資産）」勘定を計上するとともに、当期に対応する「受取利
息（収益）」勘定を計上する。

（借）未　収　利　息　　20,000　　　（貸）受　取　利　息　　20,000
　※　¥2,400,000 × 2％ × 5か月（11月〜3月）／12か月 ＝ ¥20,000

② 前期の決算振替仕訳（3/31）

（借）受　取　利　息　　20,000　　　（貸）損　　　　　　益　　20,000

③ 当期首の再振替仕訳（4/1）

当期に受け取る利息のうち、前期に対応する利息を「未収利息」勘定で処理しているため、これを減
少させ、「受取利息」勘定も取り消す。

（借）受　取　利　息　　20,000　　　（貸）未　収　利　息　　20,000

④ 当期中の仕訳（10/31）

（借）普　通　預　金　　48,000　　　（貸）受　取　利　息　　48,000
　※　¥2,400,000 × 2％ ＝ ¥48,000

⑤ 当期の決算整理仕訳（3/31）

（借）未　収　利　息　　100,000　　　（貸）受　取　利　息　　100,000
　※　¥5,000,000 × 3％ × 8か月（8月〜3月）／12か月 ＝ ¥100,000

第3問 ⇒ 精算表の作成

（注）解説の便宜上、「残高試算表」を「T/B」と表記する。

1．貸倒に関する誤処理

前期以前に貸倒処理していた債権について、回収できた場合には費用の取り消しを行うことができない
ため、新たに「償却債権取立益（収益）」勘定を計上し、前期以前の費用の取り消しを行う。

（借）売　　　掛　　　金　　80,000　　　（貸）償却債権取立益　　80,000

◆　売掛金：¥1,500,000（T/B売掛金）＋¥80,000 ＝ ¥1,580,000

２．水道光熱費の引落し

（借）水　道　光　熱　費　　6,300　　　（貸）当　座　預　金　　6,300

◆　当座預金：¥1,294,000（T/B当座預金）－¥6,300 ＝ ¥1,287,700
◆　水道光熱費：¥198,200（T/B水道光熱費）＋¥6,300 ＝ ¥204,500

３．減価償却の計算

（借）減　価　償　却　費　544,000　　　（貸）建物減価償却累計額　280,000

　　　　　　　　　　　　　　　　　　　　　（〃）備品減価償却累計額　264,000

※　建物減価償却累計額：¥8,400,000（T/B建物）÷30年（耐用年数）＝ ¥280,000
　　備品減価償却累計額：¥1,320,000（T/B備品）÷ 5 年（耐用年数）＝ ¥264,000
◆　建物減価償却累計額：¥1,960,000（T/B建物減価償却累計額）＋¥280,000 ＝ ¥2,240,000
◆　備品減価償却累計額：¥528,000（T/B備品減価償却累計額）＋¥264,000 ＝ ¥792,000

４．貸倒引当金の設定

（借）貸倒引当金繰入　38,780　　　（貸）貸　倒　引　当　金　38,780

※　｛¥800,000（T/B受取手形）＋¥1,580,000（修正後売掛金）｝× 2 ％－¥8,820（T/B貸倒引当金）＝ ¥38,780
◆　貸倒引当金：¥8,820（T/B貸倒引当金）＋¥38,780 ＝ ¥47,600

５．売上原価の算定

（借）仕　　　　　入　　33,000　　　（貸）繰　越　商　品　　33,000

（借）繰　越　商　品　　78,000　　　（貸）仕　　　　　入　　78,000

◆　仕入：¥3,999,600（T/B仕入）＋¥33,000（T/B繰越商品）－¥78,000（期末商品棚卸高）＝ ¥3,954,600

６．給料の未払い

（借）給　　　　　料　　57,600　　　（貸）未　払　給　料　　57,600

◆　給料：¥1,942,000（T/B給料）＋¥57,600 ＝ ¥1,999,600

７．未払利息の計上

（借）支　払　利　息　　25,000　　　（貸）未　払　利　息　　25,000

※　¥1,500,000× 3 ％× 5 か月（2020年11月～2021年 3 月）/12か月 ＝ ¥25,000
◆　支払利息：¥50,000（T/B支払利息）＋¥25,000 ＝ ¥75,000

８．前払保険料の計上

（借）前　払　保　険　料　18,144　　　（貸）保　　　険　　　料　18,144

※　¥90,720× 3 か月（2021年 4 月～2021年 6 月）/15か月（2020年 4 月～2021年 6 月）＝ ¥18,144
◆　保険料：¥90,720（T/B保険料）－¥18,144 ＝ ¥72,576

はがして使えるドリル式
簿記過去問題集
日商3級

for LECTURES ［新版］

過去問10回分
第157回 ▶ 第147回
＋模擬問題2回分
（新試験形式対応）

専門学校 東京CPA会計学院

税務経理協会